《农民活学活用民法典》丛书编委会

《农民活学活用民法典》丛书

NONGMIN HUOXUE HUOYONG
MINFADIAN CONGSHU

农民活学活用

民法典

合同编

HETONG BIAN

主　编　夏克勤

副主编　龚雪林　郭　伟

江西人民出版社
Jiangxi People's Publishing House
全国百佳出版社

图书在版编目(CIP)数据

农民活学活用民法典. 合同编 / 夏克勤主编. —南昌：江西人民出版社，2020.12

ISBN 978 - 7 - 210 - 12716 - 1

Ⅰ. ①农… Ⅱ. ①夏… Ⅲ. ①合同法 - 中国 - 通俗读物 Ⅳ. ①D923.05

中国版本图书馆 CIP 数据核字(2021)第 003297 号

农民活学活用民法典·合同编

NONGMIN HUOXUE HUOYONG MINFADIAN · HETONG BIAN

夏克勤　主　编

龚雪林　郭　伟　副主编

策划编辑：余　晖

责任编辑：涂如兰

书籍设计：章　雷

出　　版：江西人民出版社

发　　行：各地新华书店

地　　址：江西省南昌市三经路 47 号附 1 号

编辑部电话：0791 - 86893196

发行部电话：0791 - 86898815

邮　　编：330006

网　　址：www. jxpph. com

E - mail：jxpph@ tom. com

2020 年 12 月第 1 版　2020 年 12 月第 1 次印刷

开　　本：880mm × 1230mm　1/32

印　　张：6.625

字　　数：157 千字

ISBN 978 - 7 - 210 - 12716 - 1

定　　价：28.00 元

赣版权登字—01—2020—620

版权所有　侵权必究

承印厂：江西千叶彩印有限公司

赣人版图书凡属印刷、装订错误,请随时向江西人民出版社调换

服务电话：0791 - 86898820

序

随着中国特色社会主义进入新时代,人民物质生活水平不断提高,对民主法治、人格尊严、环境保护、社会公正等方面有了更高的要求。"法与时转则治,治与世宜则有功",编纂一部完整系统的民法典是顺应人民群众对美好生活追求的需要,是法治顺应时代发展的产物,是人民追求法治之心与国家治理现代化之路相融合的结果。

自新中国成立以来,民法典立法几启几止,中国民法典之路可谓艰苦卓绝。在以习近平同志为核心的党中央坚强领导下,《中华人民共和国民法典》终于在 2020 年 5 月 28 日经第十三届全国人民代表大会第三次会议通过,自 2021 年 1 月 1 日起施行。民法典既不是制定一部全新的民事法律,也不是简单的法律汇编,而是对现行民事法律制度进行科学系统的整合与编纂,打通民事法律体系"血脉经络",实现法律条文"深加工",发挥"1 + 1 > 2"的效果。这是新中国成立以来第一部以"法典"命名的法律,是新时代我国社会主义法治建设的重要成果,具有里程碑意义,标志着我国依法保护民事权利进入全新的"民法典时代"。

一生一世,权利在兹。民法典体例完备、内容丰富,共 7 编、1260

条,涵盖了社会生活的方方面面,与每个人的衣食住行、生老病死、生产经营都息息相关,被称为"社会生活的百科全书"。民法典与时俱进、以民为本,不仅具有国际视野、时代特色,还具有深厚的中华历史文化底蕴,将中华民族传统美德、社会主义核心价值观深深融入民法典条文。如分编中专门对妇女、未成年人、老年人、残疾人等群体权益的保护规定,体现了仁者爱人、孝老爱幼的优秀美德;婚姻家庭继承编中倡导了保持优良家风、和睦和谐的传统观念;合同编中体现了诚实守信的道德准则;物权编和侵权责任编中融入了绿色环保、人与自然和谐相处的重要理念。

习近平总书记强调,民法典在中国特色社会主义法律体系中具有重要地位,是一部固根本、稳预期、利长远的基础性法律。民法典要实施好,就必须让民法典走到群众身边、走进群众心里。我国农村人口众多,向广大农民朋友宣传和普及民法典,具有重要的现实意义,不仅有助于增强广大农民的守法观念和权利意识,还有助于推进"三农"发展和社会主义新农村建设,为百姓安居乐业提供坚实的法治保障。

为此,江西省高级人民法院的部分中青年民事审判法官利用业余时间,精心编写了《农民活学活用民法典》丛书。本丛书共分4册,分别为《农民活学活用民法典·物权编》《农民活学活用民法典·合同编》《农民活学活用民法典·婚姻家庭继承编》《农民活学活用民法典·人格权和侵权责任编》,每册设计若干情景案例、约15万字。丛书选取贴近农民生产、生活的案例,既有老人赡养、儿童抚养、夫妻关系、邻里相处、土地承包等传统问题,又有农民进城务工、购房经商、网络交易等过程中遇到的新型纠纷,通过通俗易懂、深入浅出的语言解读民法典,让读者明白法律提倡什么、反对什么、禁止什么,遇到问题如何维护自己的合法权益，具有较强的针对性和可读性。

对于每天坐堂问案和撰写学术调研文章的法官来说，该丛书的编写是一次有益的尝试，亦是一种挑战和锻炼，因为要将法律条文转化成生动鲜活的案例，将法言法语转化成群众语言，真正让农民看得懂、用得上，并非易事。期待本丛书可以受到广大农民朋友的喜爱，养成自觉守法的意识，形成遇事找法的习惯，让民法典所蕴含的公平正义、自愿平等、诚实守信等法律价值深深扎根于农民朋友的心中，共同推动我国社会法治化进程。

是为序。

江西省高级人民法院党组副书记、副院长　夏克勤

二〇二〇年十二月

目　录

第一篇

通则

★ 一般规定

1.为逃债签订的离婚财产分割协议,债权人能否申请确认无效?

【情景模拟】

　　周某在某乡开办了一家粮食加工厂,为生产经营需要,2019 年 5 月 8 日,通过熟人介绍向某银行贷款 50 万元,贷款期限 1 年。此外,其还于 2018 年至 2019 年向附近的乡邻借款近 100 万元,约定按月利率 1% 支付利息。因经营不善,出现亏损。周某不能及时归还借款本息,乡邻们常到加工厂搬米充抵债务。眼看贷款期限届满,为逃避债务,周某与妻子张某经过商议决定进行假协议离婚。2020 年 5 月 5 日,双方签订《离婚协议书》,约定如下:1. 双方自愿解除婚姻关系,10 岁的儿子、7 岁的女儿均归女方抚养;2. 登记于周某名下的位于某县某镇的一套价值 110 万元的住宅归妻子张某所有;3. 登记于周某名下的别克商务车一辆归妻子张某所有;4. 其他个人名下财产归个人所有。上述协议已经双方充分协商,不存在欺诈、胁迫等情形,男方应在办理离婚手续后 7 天内,协助女方办理交付或转移登记手续。双方并就其他事项进行了约定。同日,双方在民政局登记离婚。贷款到期后,银行多次催周某还款无果,且发现周某与张某"离婚不离家",仍在共同生活经营,周某已通过离婚协议将名下财产转移给妻子,便将周某、张某告上法庭,请求法院确认周某与张某签订的离婚财产分割协议无效。为逃债签订的离婚财产分割协议,债权人能否申请确认无效?

【权威观点】

周某与张某为逃避债务恶意串通签订的离婚财产分割协议,损害了债权人的合法利益。债权人可以依照民法典合同编的相关规定请求确认离婚财产分割协议无效。

【法官解读】

(一)关于离婚协议的性质。

离婚协议是夫妻双方就婚姻关系解除、子女抚养、共同财产分割、夫妻债务承担、离婚财产损害赔偿等达成的"一揽子"协议,具有人身和财产双重属性。根据《中华人民共和国民法典》第四百六十四条第二款的规定,婚姻、收养、监护等有关身份关系的协议,适用有关该身份关系的法律规定;没有规定的,可以根据其性质参照适用本编规定。离婚协议中关于解除夫妻关系、子女抚养的约定,具有人身性,应适用婚姻家庭编的相关规定。而关于离婚财产分割的约定,本质上仍是双方设立、变更、终止财产权利义务关系的协议,属于平等民事主体之间变更民事财产权利义务关系的协议,在婚姻法无规定时可以参照适用合同编。

(二)关于离婚财产分割协议的效力。

周某与张某约定周某名下的房产、车辆全部归张某所有,但双方系假离婚,二者关于离婚财产分割的约定并不属实,是恶意串通的结果,其目的是为了通过离婚财产分割协议的约定转移财产、逃避债务。在周某将财产转移至张某名下后,即使银行将周某起诉到法院并获得胜诉判决,因周某名下无财产,银行也无法通过法院强制执行程序拍卖变卖周某名下的财产,导致赢了官司收不回贷款。周某与张某签订假离婚财产分割协议的行为严重损害了债权人银行的合法利益。根据《中华人民共和国民法典》第一百五十四条的规定,行为人与相对人恶意串通,损害他人合法权益的民事法律行为无效。债权人虽然不是离婚财产分割协议的当事人,但该协议的约定与其有利害关系,其有权利诉请法院确认该离婚财产分割协议无效。在法院确认协议无效后,假离婚协议关于财产分割的约定不发生法律效力,周某与张某通过离婚财产分割协议转移财产、逃避债务的目的也不能实现。

【法条链接】

《中华人民共和国民法典》

第一百五十四条　行为人与相对人恶意串通,损害他人合法权益的民事法律行为无效。

第四百六十四条　合同是民事主体之间设立、变更、终止民事法律关系的协议。

婚姻、收养、监护等有关身份关系的协议,适用有关该身份关系的法律规定;没有规定的,可以根据其性质参照适用本编规定。

【特别提醒】

假离婚真逃债,法律不予保护。为避免"假离婚真逃债",在与夫妻一方交易时,债权人应要求夫妻双方共同签字。

★合同的订立

2.售楼广告构成商品房买卖合同内容吗?

【情景模拟】

某公司售楼广告载明其开发的住宅楼"享 2000 元/㎡ 精装修"、"送 2000 元/㎡ 一线品牌精装修",李某看到该广告并实地看房后,购买了房屋一套。商品房买卖合同约定:单价 9903.5 元/㎡,出卖人交付使用的商品房的装饰、设备标准应符合双方约定的标准,达不到约定标准的,出卖人赔偿双倍的装饰、设备差价。出卖人对装饰材料及品牌、设备标准及装修内容具有最终选择的决定权,并有权根据实际情况进行调整(但不应低于相同的档次和价格)。双方均认可以实际交付现状为准。合同附件四第五项约定:"出卖人提供的效果图、售楼书、售楼广告、样板房,均不作为商品房交接验收依据。"对于合同附件四第五项约定,在签订合同时,某公司并未提示李某注意。李某收房后,认为其房屋的装饰、设备标准未达到广告宣传的 2000 元/㎡,要求某公司赔偿装饰差价。某公司称,合同已经载明售楼广告不属于合同内容,不同意赔偿。双方协商未果,李某诉至法院请求判决某公司赔偿其装饰差价 39109.91 元。本案中售楼广告构成合同的内容吗?

【权威观点】

售楼广告的内容具体明确,属于要约而非要约邀请,构成商品房买卖合同的内容。虽然商品房买卖合同附件载明售楼广告不作为商品房交接验收依据,但该约定为格式条款,商品房销售者未履行提示说明义务,对房屋买受人不发生法律效力。商品房销售者应依约履行义务,其交付的房屋未达到售楼广告载明的 2000 元/㎡ 的装修标准,应承担违约责任。

【法官解读】

(一)关于售楼广告的性质。

根据《中华人民共和国民法典》第四百七十三条的规定,在一般情况下,商品房的销售广告和宣传资料为要约邀请,但若商业广告和宣传的内容符合要约条件的,构成要约。要约是希望与他人订立合同的意思表示,在要约中会载明交易的商品、价格等具体情况。要约邀请是希望他人向自己发出订立合同的意思表示,内容不具体不明确。出卖人就商品房开发规划范围内的房屋及相关设施所作的说明和允诺具体确定,并对商品房买卖合同的订立以及房屋价格的确定有重大影响的,应当视为要约。该说明和允诺即使未载入商品房买卖合同,也应当视为合同内容,当事人违反的,应当承担违约责任。某公司在销售广告中明确载明"享 2000 元/㎡ 的精装修",该广告内容具体确定,2000 元/㎡ 相对涉案房屋单价 9903.5 元/㎡ 占比较大,可以认定对涉案合同的订立以及房屋价格的确定有重大影响,应当视为要约。

(二)关于合同约定售楼广告不作为交房依据的效力。

案涉合同附件四第五项约定售楼广告不作为商品房交接验收依据,该条款是商品房销售者为了重复使用而预先拟定并在订立合同时未与对方协商的条款,属于格式条款。根据《中华人民共和国民法典》第四百九十六条第二款的规定,采用格式条款订立合同的,提供格式条款的一方应采取合理的方式提示对方注意免除或者减轻其责任等与对方有重大利害关系的条款,按照对方的要求,对该条款予以说明。提供格式条款的一方未履行提示或者说明义务,致使对方没有注意或者理解与其有重大利害关系的条款的,对方可以主张该条款不成为合同的内容。售楼广告载明买受人可享受2000元/㎡精装修,这对房屋价格的确定有重大影响,直接关系着李某是否选择购买房屋。案涉合同附件四第五项约定免除了某公司按照售楼广告赠送2000元/㎡精装修的责任,与买受人李某有重大利害关系。李某基于对售楼广告的信赖而与某公司进行交易,某公司在签订合同时对与售楼广告内容不一致且免除其责任的条款应履行提示和说明义务,否则,购房者可以主张该条款不成为合同内容,该约定对购房者不产生约束力。

【法条链接】

《中华人民共和国民法典》

第四百七十三条　要约邀请是希望他人向自己发出要约的表示。拍卖公告、招标公告、招股说明书、债券募集办法、基金招募说明书、商业广告和宣传、寄送的价目表等为要约邀请。

商业广告和宣传的内容符合要约条件的,构成要约。

第四百九十六条　格式条款是当事人为了重复使用而预先拟定,并在订立合同时未与对方协商的条款。

采用格式条款订立合同的,提供格式条款的一方应当遵循公平原则确定当事人之间的权利和义务,并采取合理的方式提示对方注意免除或者减轻其责任等与对方有重大利害关系的条款,按照对方的要求,对该条款予以说明。提供格式条款的一方未履行提示或者说明义务,致使对方没有注意或者理解与其有重大利害关系的条款的,对方可以主张该条款不成为合同的内容。

【特别提醒】

商业广告内容具体明确的,构成合同的内容。

3. 开发商签完商品房认购书后拒绝售房应否承担违约责任?

【情景模拟】

某村的肖某为方便孩子在县城上学,经多方考察,决定选择购买县城某小学附近的一套 90 平方米的房屋。2020 年 9 月 3 日,肖某与某房产开发公司签订商品房认购书一份,约定:肖某向某房产开发公司预订商品房一套,总房价 80 万元,签订认购书时支付定金 2 万元,肖某应于 2020 年 9 月 12 日前到某房产开发公司售楼处与某房产开发公司签订商品房买卖合同,否则作违约论。肖某于签订认购书当天即向某房产开发公司转账支付 2 万元定金。2020 年 9 月 12 日,肖某带着购房款前往某房产开发公司准备签约。某房产开发公司告知该套房屋已经出售给他人,无法签约,其同意退回肖某的 2 万元定金。肖某认为其与某房产开发公司已经签订认购书,要求某房产开发公司与其签订商品房买卖合同。双方由此发生争议。开发商签完商品房认购书后拒绝售房应否承担违约责任?

【权威观点】

当事人约定在将来一定期限内订立合同的认购书为预约合同，一方在约定期间届满时不签订合同，构成违约，对方可请求其承担违反预约合同的违约责任。

【法官解读】

（一）预约合同的概念。

预约合同又称预备性契约，指当事人达成的约定将来在一定期限内订立合同的协议。预约是谈判期间对未来事项的预先规划。在市场交易活动中存在形形色色的预约，如认购书、订购书、预订书、意向书、允诺书、定金收据、原则性协议、谅解备忘录、缔约纪要、临时协议等。商品房认购书属于预约合同。

（二）违反预约的违约责任。

根据《中华人民共和国民法典》第四百九十五条第二款的规定，违反预约要承担违约责任。在承担违约责任的方式上，《中华人民共和国民法典》第五百七十七条规定了继续履行、采取补救措施、赔偿损失等违约责任形式。由于预约的特殊性，违反预约并非一定能适用该条规定的全部违约责任形式。首先，一般情况下，违反预约不得适用继续履行，即不得强制签订本约。强制缔约适用于为社会提供公共服务的企业，在法律有规定的情形下才可以适用。民法典规定的强制缔约有以下情形：1. 第四百九十四条规定："国家根据抢险救灾、疫情防控或者其他需要下达国家订货任务、指令性任务的，有关民事主体之间应当依照有关法律、行政法规规定的权利和义务订立合同。依照法律、行政法规的规定负有发出要约义务的当事人，应当及时发出合理的要约。依照法律、行政法规的规定负有作出承诺义务的当事人，不得拒绝对方合理的订立合同要求。"2. 第六百四十八条第二款规定："向社会公众供电的供电人，不得拒绝用电人合理的订立合同要求。"3. 第六百五十六规定："供用水、供用气、供用热力合同，参照适用供用电合同的有关规定。"4. 第八百一十条规定："从事公共运输的承运人不得拒绝旅客、托运人通常、合理的运输要求。"本案不属于强制缔约的情形，不适用强制缔约，故肖某不得要求某公司签订正式商品房买卖合同，只能要求其承担其他违约责任。其次，违反预约是不诚信的行为，可能会给守约方造成财产损失，对于财产损失应当通过违约方承担违约责任来填补。违约责任中的赔偿损失、支付违约金、定金罚则均为填补损失的形式，具体适用何种责任形式要根据当事人的约定决定。当事人约定了违约金或定金时，适用违约金或定金的相关规定，没有约定时，可以根据其实际损失主张违约方赔偿损失。本案中当事人未约定违约金的计算方法，而是约定了定金，应适用定金罚则。本案定金是在订立预约时交付的，是订立本约之保证。交付定金的一方无正当理由拒绝订立本约时，丧失定金；收取定金的一方无正当理由拒绝订立本约时，双倍返还定金。因此，某房产开发公司应向肖某双倍返还定金4万元。

【法条链接】

《中华人民共和国民法典》

第四百九十五条　当事人约定在将来一定期限内订立合同的认购书、订购书、预购书等，构成预约合同。

当事人一方不履行预约合同约定的订立合同义务的，对方可以请求其承担预约合同的违约责任。

第五百八十七条　债务人履行债务的,定金应当抵作价款或者收回。给付定金的一方不履行债务或者履行债务不符合约定,致使不能实现合同目的的,无权请求返还定金;收受定金的一方不履行债务或者履行债务不符合约定,致使不能实现合同目的的,应当双倍返还定金。

【特别提醒】

预约是独立的契约,违反预约亦需承担违约责任。

4.持过期驾驶证驾驶的免责条款有效吗?

【情景模拟】

龙某所有的小型轿车在安邦保险公司处投保了交强险、第三者责任险、机动车损失险、车上人员责任险、盗抢险及玻璃单独破碎险,保险期限从 2018 年 9 月 19 日 0 时起至 2019 年 9 月 18 日 24 时止。2018 年 12 月 22 日,龙某驾驶其车辆在某乡某学校前左转弯时与辛某驾驶的车辆相撞,造成其车辆受损的道路交通事故,经交警认定,龙某承担此次事故的全部责任。为此,龙某花费汽车修理费 8450 元。事故发生时龙某所持驾驶证有效期限为 2012 - 08 - 19 至 2018 - 08 - 19,后龙某于 2018 年 12 月 24 日在交警大队车管所办理了补证换证,新更换的驾驶证有效期为 2018 - 08 - 19 至 2028 - 08 - 19。龙某在投保时,保险公司对保险合同条款未向其进行提示说明。龙某向保险公司理赔时,保险公司认为龙某持有的驾驶证超期未年检并未更换新证,携带有效期届满的驾驶证驾驶车辆,违反了《中华人民共和国道路交通安全法》关于驾驶人驾驶车辆应当随身携带有效驾驶证的强制性规定,且合同约定无证驾驶期间出现保险事故,保险公司免赔,龙某持过期驾驶证驾驶属于无证驾驶,其不应承担保险责任。持过期驾驶证驾驶的免责条款有效吗?

【权威观点】

驾驶人持过期驾驶证驾驶机动车属于无证驾驶。保险合同约定无证驾驶免赔,如果保险公司在签订合同时对该免责条款未向投保人履行提示说明义务,投保人可以主张该条款不构成合同的内容,对投保人无约束力,保险公司不能免责。

【法官解读】

(一)持过期驾驶证驾驶构成无证驾驶。

根据《中华人民共和国道路交通安全法》第十九条之规定,驾驶机动车,应当依法取得机动车驾驶证,驾驶机动车时应当随时携带机动车驾驶证。由于机动车具有高度危险性,对机动车的驾驶,国家严格管控,驾驶人必须符合一定条件才能取得驾驶资格。虽然驾驶人曾经取得了机动车驾驶资格,但由于安全驾驶与驾驶人员的身体条件、驾驶技能、依法驾驶、文明驾驶息息相关,故国家规定了对驾驶人的审验制度,对于不符合驾驶条件的将不予核发新证。在驾驶证到期后,驾驶人应按期到交通管理部门接受审验,申领新证。曾经取得过驾驶资格的驾驶人在原驾驶证到期后,并非一定能够继续取得驾驶资格。因此,在驾驶证到期后尚未换领新证期间是否能够取得驾驶资格,尚处于待定状态,持有已过期驾驶证驾驶属于无证驾驶、违法驾驶。本案中龙某在驾驶证到期后注销前虽然又申领了新证,但不能改变其在事故发生时无证驾驶、违法驾驶的性质。

(二)保险合同约定无证驾驶免赔的效力。

《中华人民共和国民法典》第四百九十六条第二款规定:"采用格式条款订立合同的,提供格式条款的一方应当遵循公平原则确定当事人之间的权利和义务,并采取合理的方式提示对方注意免除或者减轻其责任等与对方有重大利害关系的条款,按照对方的要求,对该条款予以说明。提供格式条款的一方未履行提示或者说明义务,致使对方没有注意或者理解与其有重大利害关系的条款的,对方可以主张该条款不成为合同的内容。"保险合同为保险公司提供的格式条款,保险合同约定无证驾驶免赔属于免除保险公司保险责任的条款,与被保险人有重大利害关系。对保险合同中免除保险人责任的条款,保险人在订立合同时应当在投保单、保险单或者其他保险凭证上做出足以引起投保人注意的提示,并对该条款的内容以书面或者口头形式向投保人做出明确说明。唯有如此,投保人才能充分注意和理解合同的内容,才能基于真实意思表示订立合同。本案中,保险公司在订立保险合同时对"无证驾驶免赔"条款未尽提示说明义务,投保人可以主张该条款不成为合同内容,保险公司不能依据该约定免责。

【法条链接】

《中华人民共和国民法典》

第四百九十六条　格式条款是当事人为了重复使用而预先拟定,并在订立合同时未与对方协商的条款。

采用格式条款订立合同的,提供格式条款的一方应当遵循公平原则确定当事人之间的权利和义务,并采取合理的方式提示对方注意免除或者减轻其责任等与对方有重大利害关系的条款,按照对方的要求,对该条款予以说明。提供格式条款的一方未履行提示或者说明义务,致使对方没有注意或者理解与其有重大利害关系的条款的,对方可以主张该条款不成为合同的内容。

【特别提醒】

驾驶证到期前应及时申领新证,持过期驾驶证驾驶属无证驾驶。保险合同约定无证驾驶免赔应向投保人履行提示说明义务,否则,投保人可以主张该条款不成为合同内容,保险公司不能免责。

5. 未成年人完成悬赏广告中的特定行为,有权索要报酬吗?

【情景模拟】

某村村民沈某在 60 周岁生日时,女儿送给她一串价值 8000 元的翡翠项链。半个月后,沈某不小心弄丢了项链。翻箱倒柜,一连找了几天,也没找到。沈某心急如焚。于是,在自家墙上张贴了悬赏广告,声称拾到并且送还这串项链的人可以得到 500 元的奖金。三天后,同村一位 8 岁儿童李某无意中拾到该项链,并送还给沈某。沈某不仅没有将 500 元给他,反倒责问李某是否偷偷拿走了项链。李某异常委屈,回家将该情况告诉了父母,李某的父母非常生气,与沈某发生了争吵,并要求沈某向李某支付 500 元的赏金,否则将沈某告上法庭。沈某称其已经在李某送还项链前将悬赏广告撕掉,李某无权向其索要赏金。李某作为未成年人,完成了悬赏广告中的特定行为,有权索要报酬吗?

【权威观点】

悬赏广告不得随意撤销,只要完成了悬赏广告中的特定行为,行为人就有权请求悬赏人按照悬赏广告支付报酬,而不论完成悬赏广告中特定行为的是成年人还是未成年人。

【法官解读】

(一)悬赏广告的概念及性质。

悬赏广告是指广告人以广告的形式声明对完成广告中规定的特定行为的任何人,给付广告中所声明的报酬的意思表示。

关于悬赏广告的性质。悬赏广告是悬赏人的意思表示,是悬赏人向不特定人发出的要约,相对人完成广告指定行为就是承诺,承诺作出之时,悬赏广告合同成立。

(二)悬赏广告能否随意撤销?

悬赏广告为要约,要约的撤销要受到要约撤销制度的约束,《中华人民共和国民法典》第一百三十九条规定:"以公告方式作出的意思表示,公告发布时生效。"悬赏广告在发出之时已经发生法律效力,不得随意撤销。沈某的悬赏广告一经发布,就对其产生约束力,其就应按照悬赏广告中的声明履行义务。虽然沈某之后撕掉了悬赏广告,但悬赏广告的内容已经为不特定人所知悉,已产生法律效力。

(三)未成年人完成特定行为是否有权请求支付赏金?

《中华人民共和国民法典》第四百九十九条规定："悬赏人以公开方式声明对完成特定行为的人支付报酬的,完成该行为的人可以请求其支付。"该条并未规定完成悬赏广告中特定行为的人必须符合什么条件才能请求报酬,故无论完成特定行为的人是成年人还是未成年人,也不论完成特定行为的人在实施特定行为时有没有看到广告,只要完成了悬赏广告中的特定行为,就可以请求悬赏人按照悬赏广告支付报酬。沈某怀疑李某偷拿了其项链,但并无证据,故应认定李某完成了悬赏广告中的特定行为。沈某为了"赖账"撕掉悬赏广告,谴责李某拿走其项链,不履行悬赏广告中的义务,违反诚信。李某有权请求沈某支付赏金。李某8岁,尚未成年,属于限制民事行为能力人,而限制民事行为能力人只能从事纯获利益的民事行为。悬赏中需完成悬赏行为后才可获取报酬,并非纯获利益的民事行为。限制民事行为能力人从事非纯获利益的民事行为,应由其法定代理人代理行使。李某的父母为其法定代理人,且其父母已代理其索要赏金。李某与沈某之间关于悬赏的合同已经成立,沈某应按照其在悬赏广告中的声明支付500元赏金。

【法条链接】

《中华人民共和国民法典》

第一百三十九条　以公告方式作出的意思表示,公告发布时生效。

第四百九十九条　悬赏人以公开方式声明对完成特定行为的人支付报酬的,完成该行为的人可以请求其支付。

【特别提醒】

悬赏广告具有法律约束力,发布悬赏广告,慎言重赏重金! 言出必行,童叟无欺!

★ 合同效力

6. 受骗买到假种子,合同可以撤销吗?

【情景模拟】

刘某在某镇经销种子。在春耕前夕,刘某询问某种业公司的经销商闵某是否有"T优705"水稻种子出售,闵某给出肯定答复并报价。之后,闵某找到与其熟识的某种业公司区域经理王某,商定用其他种子冒用"T优705"种子销售。王某向某种业公司申报"陵两优711"水稻散子发货11925公斤,又和闵某一起找到某环保包装公司的曹某,印制了标注某种业公司、"T优705"字样的小包装袋,后在闵某的仓库雇人分包,并根据刘某的要求向其出售了价值30万元的种子。刘某收到种子后在多地进行销售。农民李某购买了500元的种子后发现种子发芽率不高,便找刘某理论。刘某通过手机扫描种子包装上的二维码,发现无法显示品种信息及企业信息。经查证,某种业公司从未生产、销售过"T优705"种子,也未取得"T优705"种子的生产、销售授权;"陵两优711"种子未通过在刘某所在地区的审定公告。刘某找到闵某要求退还货款、赔偿损失。受骗买到假种子,合同可以撤销吗?

🔊 【权威观点】

　　闵某明知其所销售的种子不是"T 优 705"而告知刘某其销售的是该产品,误导刘某与其签订买卖合同,闵某的行为构成欺诈,刘某在违背真实意思情况下签订合同,有权请求人民法院或仲裁机构撤销。

🎧 【法官解读】

　　(一)关于欺诈的含义及构成要件。

　　所谓欺诈,是指一方当事人故意告知对方虚假情况,或者故意隐瞒真实情况,诱使对方当事人作出错误意思表示的行为。民事欺诈行为的构成条件如下:1.欺诈方有欺诈的故意,而不是由于自己的疏忽而导致未向对方告知真实情况。欺诈的目的是使对方受欺诈,使自己获得不正当的利益。2.欺诈方实施了欺诈行为。包括两种情形:一是故意将虚假情况告知对方,进行虚假宣传。如明知保健品不具备医疗效果却告知买方保健品可以治病。二是故意向对方隐瞒真实情况,如明知商品有缺陷却不告知。3.受欺诈方因欺诈而陷入错误认识。由于欺诈方告知了虚假的信息或隐瞒了真实的信息,使得对方被蒙蔽。4.受欺诈方因错误认识而做出了错误的行为。由于受欺诈方被蒙蔽,在不知实情的情况下做出了错误的决定。如误以为保健品有治疗某种疾病的功能而购买。本案中,闵某明知自己销售的不是"T 优 705"而告知刘某其销售的是该产品,故意隐瞒真实信息,对刘某构成欺诈。

　　(二)受欺诈签订的合同,受欺诈方可申请撤销。

　　欺诈违反了诚实信用原则。《中华人民共和国民法典》第一百四十八条规定："一方以欺诈手段,使对方在违背真实意思的情况下实施的民事法律行为,受欺诈方有权请求人民法院或者仲裁机构予以撤销。"法律尊重当事人内心的真实意思表示,受欺诈方是在不了解实情的情况下签订的合同,故法律允许受欺诈方向法院或仲裁机构申请撤销。至于是否申请撤销,由受欺诈方自己根据自身利益权衡决定。合同被撤销后自始无效,对双方均无约束力,已经取得的财产应予返还。受欺诈方因欺诈行为造成损失的,欺诈方还应赔偿损失。本案合同符合撤销的条件,刘某如果申请撤销,应支持其请求。同时,刘某还有权要求闵某退还货款、赔偿损失。

【法条链接】

《中华人民共和国民法典》

第一百四十八条　一方以欺诈手段,使对方在违背真实意思的情况下实施的民事法律行为,受欺诈方有权请求人民法院或者仲裁机构予以撤销。

【特别提醒】

欺诈他人签订的合同,受欺诈方可依法申请撤销,并有权要求欺诈方返还财产、赔偿损失。

7. 受胁迫出具的借条,效力如何认定?

【情景模拟】

　　虞某和许某为同村村民,分别在镇上经营超市和理发店。虞某在家里摆了麻将机,镇上的人常常偷偷去他家里赌博,许某偶尔也会参与,并在赌场出借赌资。2018 年 9 月 1 日,虞某因开办超市向许某借款 2 万元,双方未签订书面合同,也未约定利息,口头约定借款期限一年。2019 年 3 月 1 日晚,虞某因赌博向许某借款 5000 元。许某称其之前向虞某出借款项未与其老婆商量,其老婆怀疑其将钱赌输了,要求虞某将之前的借款和当日的借款一并向其出具借条。许某拿了一张写好的借条让虞某签字,借条载明:"今向许某借款人民币 28600 元整。利息按月利率 3% 计算。借期 2019 年 3 月 1 日至 2019 年 9 月 1 日,借款人同意按期还款,如逾期不能归还,借款人支付 20% 违约金。"许某称,3600 元是自出借之日到 2019 年 3 月 1 日按月利率 3% 计算的利息,应计入本金重新计息,剩余半年内应按月利率 3% 计息。虞某称其只借了 2.5 万元,而且双方未约定利息,不同意签字。许某称虞某如不签字其将向公安机关举报虞某开办赌场,且每天到店里要钱闹事。虞某不得以在借条上签字。同日 20 时 23 分,虞某拨打 110 报警,说有人强制其写借条,某派出所民警将虞某和许某带回派出所,民警了解情况后,在接处警情况登记表上记载:"虞某因欠钱引起经济纠纷,虞某称欠钱是事实,但未约定利息,许某是在放高利贷和赌债,强迫出具的借条无效。"受胁迫出具的借条,效力如何认定?

【权威观点】

借条是当事人之间存在借款合同的证明,虞某受胁迫出具借条意味着其受胁迫签订了借款合同,对于违背真实意思签订的合同,虞某有权请求人民法院或仲裁机构撤销。

【法官解读】

(一)关于胁迫的含义及构成要件。

胁迫是指以威胁为手段,迫使对方作出不真实的意思表示的行为。胁迫有两种方式:一是以将要发生的损害相威胁,使人产生恐惧。诸如对方若不同意其要求将伤害对方或其家人、揭露对方或其家人的隐私、检举揭发对方或家人的不法行为等。二是行为人实施不法行为,直接给对方当事人造成人为的损害和财产的损害,从而迫使对方签订合同,这种直接损害可以是对肉体的直接损害,也可以是对精神的直接损害,如打骂、限制行为人的人身自由,利用行为人的弱点威胁恐吓行为人。因胁迫而订立的合同具有如下构成要件:1. 胁迫人具有胁迫的故意;2. 胁迫者必须实施了胁迫行为;3. 胁迫行为必须是非法的;4. 必须有受胁迫者因胁迫行为而违背自己的真实意思与胁迫者订立的合同。本案中,虞某与许某的借款未约定利息,本为无息借款。许某明知虞某借钱用以赌博还向其出借赌资,2019 年 3 月 1 日的 5000 元借款为赌债,赌债为非法债务,不受法律保护。许某为了收取利息和非法高息,同时为了使赌债合法化,要求虞某补签借条。在虞某不同意借条内容时,以举报虞某违法行为和即将干扰其经营相威胁,使虞某违背内心真实的意思出具了借条。双方因虞某出具借条而形成的借款合同属受胁迫签订的合同。

（二）受胁迫签订的合同，受胁迫方可申请撤销。

法律尊重当事人内心的真实意思表示，受胁迫方在违背内心真实意思的情况下签订的合同，可以向法院或仲裁机构申请撤销。至于是否申请撤销，由受胁迫方自己决定。合同被撤销后自始无效，对双方均无约束力。本案中，虞某可申请撤销基于其向许某出具借条而形成的借款合同，合同被撤销后，2019 年 3 月 1 日的 5000 元赌债不受法律保护，但双方于 2018 年 9 月 1 日因出借 2 万元形成的借款合同合法有效，虞某应向许某支付 2 万元借款本金，由于当时借款未约定利息，自然人之间的借款未约定利息的视为无息借款，故虞某无须支付利息。

【法条链接】

《中华人民共和国民法典》

第一百五十条　一方或者第三人以胁迫手段，使对方在违背真实意思的情况下实施的民事法律行为，受胁迫方有权请求人民法院或者仲裁机构予以撤销。

【特别提醒】

赌债非法，不受法律保护！交易自愿，切莫胁迫！受到胁迫，及时报警，保存证据！

8. 名为买卖实为赠与的合同是否有效?

【情景模拟】

某村村民李某文是一个包工头,2018 年 6 月,因建设工程垫资所需,其委托弟弟李某武向同学张某借款 300 万元。张某多次催促李某武让其哥哥还款,均未果,便诉至法院。李某文常年在外,便委托李某武代理其参加诉讼。2019 年 6 月,法院判决李某文归还借款本金 300 万元及利息(按月利率 1% 计算至实际清偿之日止)。2019 年 12 月,李某文承包的一处工程完工,双方协商由建设单位以一栋建筑面积 69 平方米的房屋抵偿李某文的工程款 30 万元。2020 年 3 月,李某文与其弟弟李某武签订一份《房屋买卖合同》,约定由李某文将上述房屋出售给李某武,房屋价款 30 万元。同时,应李某文的要求,建设单位将上述房屋过户登记至李某武名下。李某武未向李某文支付任何价款。张某与李某文民间借贷纠纷一案已申请强制执行,经查,李某文无财产可供执行。之后,张某得知李某文将 30 万元房产赠与给李某武,以两兄弟恶意串通损害其利益为由向法院申请确认双方签订的合同无效。李某武称,由于其在李某文承建工程过程中替哥哥融资,故其哥哥赠与其该套房屋,双方之所以签订买卖合同是为了提供给建设单位办理过户用。名为买卖实为赠与的合同是否有效?

【权威观点】

合同当事人以虚假的意思表示实施的民事法律行为无效,以虚假的意思表示隐藏的民事法律行为是否有效要根据其是否符合合同有效的条件认定。李某文与李某武虽签订房屋买卖合同,但"买卖"是双方虚假的意思表示,双方真实的意思表示是"赠与"。双方之间赠与的目的是为了恶意串通、逃避债务,损害了债权人张某的合法权益,合同无效。

【法官解读】

(一)以虚伪意思表示实施的民事法律行为无效。

所谓虚伪意思表示,就是假的意思表示,当事人展现给外人的行为是表象和假象。如买卖合同中买方和卖方在名义上签订买卖合同,但约定买方不需要向卖方付钱,不付钱的买卖显然是假的。买卖只是表象和假象,真相是赠与。对造假行为,法律不予保护。《中华人民共和国民法典》第一百四十六条第一款规定:"行为人与相对人以虚假的意思表示实施的民事法律行为无效。"本案中李某文与李某武兄弟虽然名义上签订的是房屋买卖合同,但李某武不需要支付购房款,双方之间实为赠与合同。双方签订的房屋买卖合同是双方共同造假的行为,该合同无效。

(二)关于隐藏行为的效力。

所谓隐藏行为是指假象所隐藏的真相。如名为买卖实为赠与时,隐藏的行为是赠与。对于隐藏的民事法律行为的效力,根据《中华人民共和国民法典》第一百四十六条第二款的规定,应依据有关法律规定处理。有关法律规定指的是关于合同效力的相关法律规定。李某文与李某武签订的房屋买卖合同隐藏的真实法律行为是赠与合同。双方签订赠与合同的真实目的是为了配合李某文逃避债务。李某武受李某文的委托向其同学张某借钱,且代理李某文参与诉讼,故对于李某文尚欠张某借款 300 万元及其利息的事实,李某武是知晓的。李某武辩称由于其在李某文承建工程过程中替哥哥融资,故其哥哥赠与其该套房屋,双方之所以签订买卖合同是为了提供给建设单位办理过户用,是没有事实依据的。双方真实的意图是逃避债务,因为李某文尚欠张某借款,一旦将房屋登记在其自己名下,可能会被法院强制执行,而李某文与李某武串通签订虚假的买卖合同并将房屋登记在李某武名下,让法院无法查询到李某文的财产。《中华人民共和国民法典》第一百五十四条规定:"行为人与相对人恶意串通,损害他人合法权益的民事法律行为无效。"李某武与李某文恶意串通签订的赠与合同,损害了债权人张某的合法权益,赠与合同无效。

【法条链接】

《中华人民共和国民法典》

第一百四十六条　行为人与相对人以虚假的意思表示实施的民事法律行为无效。

以虚假的意思表示隐藏的民事法律行为的效力,依照有关法律规定处理。

第一百五十四条　行为人与相对人恶意串通,损害他人合法权益的民事法律行为无效。

【特别提醒】

恶意串通逃债,损人利己,法律不予保护。

9. 保险合同约定的"零时起保"条款有效吗？

【情景模拟】

2020 年 8 月 30 日 18 时 30 分左右，段某驾驶新购买的本田牌摩托车，途经某村路段时撞倒行人罗某，造成罗某受伤经抢救无效死亡的交通事故。事故发生后，经交警大队调查认定，段某负全部责任。段某驾驶的摩托车投保了交强险，交费和保单打印时间为 2020 年 8 月 30 日 14 时 30 分，约定保险期间为 2020 年 8 月 31 日 0 时至 2021 年 8 月 30 日 24 时。罗某在抢救期间花费医疗费 88764.97 元，段某已支付 105500 元，罗某的妻子及子女诉请段某、保险公司赔偿各项费用 197594.97 元（不含已支付部分）。保险公司辩称：虽然段某的摩托车投保了交强险，但保险合同约定保险合同于 2020 年 8 月 31 日零时起生效，事故发生时保险合同尚未生效，保险公司不承担理赔责任。段某称，事故发生时，其已经支付了保险费，保险公司应当承担理赔责任。保险合同约定的"零时起保"条款有效吗？

【权威观点】

保险合同为格式条款，保险公司应履行提示说明义务。在保险公司履行了提示说明义务时，格式条款构成保险合同的内容。格式条款提供一方应遵循公平合理的原则确定双方的权利义务，提供格式条款一方不合理地免除或者减轻其责任、加重对方责任、限制对方主要权利的，合同无效。交强险中的"零时起保"条款不合理地免除了保险公司的责任,排除了被保险人的主要权利,属于无效条款。

【法官解读】

(一)"零时起保"条款属于格式条款。

根据《中华人民共和国民法典》第四百九十六条第一款规定,格式条款是当事人为了重复使用而预先拟定,并在订立合同时未与对方协商的条款。保险合同条款为保险公司预先拟定,在订立合同时已经事先打印好,拿给购买保险的被保险人签字,而未与被保险人事先协商的条款。保险公司提供的保险合同中一般都会载明保险合同自购买保险后的次日零时生效,俗称"零时起保"条款。"零时起保"条款属于格式条款。

(二)"零时起保"条款的效力。

根据《中华人民共和国民法典》第四百九十六条第二款规定,采用格式条款订立合同的,提供格式条款的一方应当遵循公平原则确定当事人之间的权利和义务,并采取合理的方式提示对方注意免除或者减轻其责任等与对方有重大利害关系的条款,按照对方的要求,对该条款予以说明。提供格式条款的一方未履行提示或者说明义务,致使对方没有注意或者理解与其有重大利害关系的条款的,对方可以主张该条款不成为合同的内容。在交强险中,被保险人已经缴纳了保险费,保险合同已经成立。保险公司未约定自双方签字或交纳保费时起合同生效,而是约定自次日零时起保险合同生效,为保险合同的生效附了一个期限。从保险合同签订、支付保费到合同约定的合同生效时间,这期间存在一个空档期,在这个空档期,如果按照约定保险公司不承担责任,就属于免除自己责任、加重对方责任的条款。因此,保险公司应就"零时起保"条款向被保险人履行提示说明义务,否则,被保险人有权主张其不属于合同内容,相当于双方无此约定,保险公司不能据此免责。

另外,在交强险中,即使保险公司在签订保险合同时对"零时起保"条款履行了提示说明义务,"零时起保"条款也属于不合理地免除或者减轻其责任、加重对方责任的情形,该条款无效,保险公司不能免责。由于机动车属于存在较高风险的交通工具,故法律规定必须购买交强险。购买交强险不仅是对被保险人权利的保护也是对机动车运行期间周围空间内不特定第三人利益的保护。被保险人已经履行了其交纳保费的合同义务,保险公司以"零时起保"条款为由主张交纳保费至约定的起保时间内发生事故保险公司免责,不仅损害了被保险人的利益,也与法律规定购买交强险的初衷相违背,显然不合理。

【法条链接】

《中华人民共和国民法典》

第四百九十六条　格式条款是当事人为了重复使用而预先拟定,并在订立合同时未与对方协商的条款。

采用格式条款订立合同的,提供格式条款的一方应当遵循公平原则确定当事人之间的权利和义务,并采取合理的方式提示对方注意免除或者减轻其责任等与对方有重大利害关系的条款,按照对方的要求,对该条款予以说明。提供格式条款的一方未履行提示或者说明义务,致使对方没有注意或者理解与其有重大利害关系的条款的,对方可以主张该条款不成为合同的内容。

第四百九十七条　有下列情形之一的,该格式条款无效:

(一)具有本法第一编第六章第三节和本法第五百零六条规定的

无效情形；

（二）提供格式条款一方不合理地免除或者减轻其责任、加重对方责任、限制对方主要权利；

（三）提供格式条款一方排除对方主要权利。

【特别提醒】

交强险中的"零时起保"条款无效，保险公司不能据此免责。

10. 未经授权代签的合同对委托人有约束力吗？

【情景模拟】

某村村民肖某强常年在深圳打工，想在老家县城买套房屋。2020年4月10日，听说老家县城有一地理位置特别好的楼盘开盘，当日订房还有优惠活动，但肖某强因工作安排无法回家。于是，肖某强便委托其哥哥肖某力帮其看房。肖某力在某房产公司看中一套商品房，怕错过优惠活动，便以肖某强的代理人的身份与该房产公司签订了一份《内销商品房认购书》，并代交定金10000元。肖某力在认购书上代理人处签署了自己的名字，认购人一栏签署了肖某强的名字。2020年5月1日，肖某强回老家实地看房，对该房屋结构不满意，便和肖某力一起向房产公司提出解除认购书并返还定金的请求，遭到房产公司拒绝。经多次交涉，均无结果。肖某强、肖某力便诉至法院，请求房产公司返还定金10000元。未经授权代签的合同对委托人有约束力吗？

【权威观点】

肖某强虽委托其哥哥肖某力代为看房,但并未授权肖某力代为签订商品房认购书和交纳定金,肖某力代理肖某强订立商品房认购书的行为构成无权代理。其无权代理行为,未经肖某强追认,肖某强不同意继续履行合同,故肖某力与房产公司签订的合同对肖某强不产生约束力,房产公司应退回定金10000元。

【法官解读】

(一)未经授权实施的民事法律行为构成无权代理。

所谓无权代理,就是无代理权的人代理他人从事的民事法律行为。根据《中华人民共和国民法典》第一百七十一条的规定,因无权代理而签订的合同有以下三种情形:(1)根本没有代理权而签订的合同。是指签订合同的人根本没有经过被代理人的授权,就以被代理人的名义签订的合同。(2)超越代理权而签订的合同。是指代理人与被代理人之间有代理关系存在,但是代理人超越了被代理人的授权范围与他人签订了合同。例如,甲委托乙购买20斤大米,但是乙擅自与他人签订了购买50斤大米的合同,这就是超越代理权而签订的合同。(3)代理关系终止后签订的合同。是指行为人与被代理人之间原有代理关系,但是由于代理期限届满、代理事务完成或者被代理人取消委托关系等原因,被代理人与代理人之间的代理关系已不复存在,但原代理人仍以被代理人的名义与他人签订的合同。本案中肖某强没有授权肖某力代为签署商品房认购书和交纳定金,肖某力的行为构成无权代理。

（二）因无权代理签订的合同效力。

无权代理人以被代理人名义与他人签订的合同，属于效力待定的合同。所谓效力待定，即合同是否有效取决于被代理人是否追认。被代理人的追认有两种方式：一是以言语的方式表示追认，二是以行为的方式追认，如被代理人已经开始履行合同义务或者接受相对人履行的。将无代理权人签订的合同纳入效力待定合同中，是基于以下原因：（1）无权代理人签订的合同并非都对委托人不利，有些因无权代理而签订的合同对本人可能是有利的；（2）无权代理合同经过事后的追认，可有利于维护交易秩序的稳定和保护合同相对人的利益。经过被代理人追认的，无权代理转化为有权代理，合同有效，对被代理人有约束力，未经被代理人追认的，相当于是代理人私自作出的行为，合同无效，对被代理人无约束力。本案中，肖某力签订的合同未经肖某强追认，合同无效，对肖某强无约束力，房产公司应退还 10000元定金。

【法条链接】

《中华人民共和国民法典》

第一百七十一条 行为人没有代理权、超越代理权或者代理权终止后，仍然实施代理行为，未经被代理人追认的，对被代理人不发生效力。

相对人可以催告被代理人自收到通知之日起三十日内予以追认。被代理人未作表示的，视为拒绝追认。行为人实施的行为被追认前，善意相对人有撤销的权利。撤销应当以通知的方式作出。

行为人实施的行为未被追认的，善意相对人有权请求行为人履行债务或者就其受到的损害请求行为人赔偿。但是，赔偿的范围不得超过被代理人追认时相对人所能获得的利益。

　　相对人知道或者应当知道行为人无权代理的,相对人和行为人按照各自的过错承担责任。

　　第五百零三条　无权代理人以被代理人的名义订立合同,被代理人已经开始履行合同义务或者接受相对人履行的,视为对合同的追认。

【特别提醒】

　　代理需授权,与代理人签订合同应审查其委托手续和代理权限。

★合同的履行

11. 债务人有权选择履行债务吗?

【情景模拟】

　　2016 年 4 月 15 日,惠某登记注册个体工商户,字号为泾县泾谷酒厂,经营白酒酿造、勾兑、销售。2016 年 11 月,王某与惠某合伙经营泾谷酒厂。2018 年 11 月 27 日,双方协议合伙终止,并约定:一、王某前期投入相关费用及惠某向王某借款等合计 30 万元,由惠某承担,双方同意以惠某生产的白酒折抵;二、王某从惠某处提出各类白酒价值 155642 元,折抵后余款 144376 元,惠某仍以白酒折抵,直到折抵完为止;三、酒厂一部大车由惠某办理过户手续,面包车归王某所有,王某应承担惠某 1 万元费用,由惠某从折抵给王某的白酒中扣除。协议签订当日,王某在惠某处提走价值 155624 元的各种类白酒。2018 年 11 月 29 日、12 月 14 日、12 月 26 日、12 月 28 日和 2019 年 1 月 19 日、3 月 9 日、3 月 29 日,王某在惠某处提走价值总计 38548 元的各种类白酒。2019 年 4 月 5 日,王某要求惠某以泾谷窖酒抵债,遭惠某拒绝。惠某认为除泾谷窖酒以外,还可以以其他白酒抵债。王某能否要求惠某只能以泾谷窖酒抵债。

【权威观点】

本案双方约定的抵债标的并未特定,为选择之债。根据《中华人民共和国民法典》五百一十五条的规定,作为债务人的惠某享有选择权,惠某可以选择以其生产的白酒中一种、部分或全部种类进行抵债。王某要求只能以泾谷窖酒抵债没有法律依据。

【法官解读】

债的标的,为债务人应为的特定行为。基于债的标的是否可由当事人选择,可以将债区分为简单之债和选择之债。选择之债存在于有两项或者两项以上的给付,包括债的标的的不同种类,也包括不同的给付方式。《中华人民共和国民法典》第五百一十五条旨在针对当事人没有约定选择权归属的情况,原则上将选择权赋予履行债务一方。选择权人,也即债务人对数宗给付进行选择,从而使债务标的特定化,选择之后债务履行标的就特定。选择权是一种权利,而非义务。选择之债中,选择权人行使选择权时应当及时通知对方,该行为系选择权人的意思表示,该意思表示必须为明确的意思表示,且应将选择履行的意思表示及时通知对方,通知到达对方时,履行标的确定。该选择具有溯及力,溯及于债权发生时发生效力。债务人选择履行标的后不得变更,但经对方同意的除外。享有选择权的债务人应当在约定期限或者履行期限届满前行使选择权,否则将导致选择权的转移,也即选择权由债务人转移至债权人。

本案中,王某与惠某并未约定以特定种类白酒抵债,抵债标的物并未特定化,故惠某享有选择权,但惠某一旦选择以特定种类白酒抵债后就不得变更,须按选择的标的予以履行。此外,本案并非一次性履行,惠某的选择权并非必须一次性行使,每次履行时,均享有选择以哪种类型白酒抵债的权利,但其每次选择的效力只及于当次履行,而不具有溯及力。

【法条链接】

《中华人民共和国民法典》

第五百一十五条　标的有多项而债务人只需履行其中一项的,债务人享有选择权;但是,法律另有规定、当事人另有约定或者另有交易习惯的除外。

享有选择权的当事人在约定期限内或者履行期限届满未作选择,经催告后在合理期限内仍未选择的,选择权转移至对方。

第五百一十六条　当事人行使选择权应当及时通知对方,通知到达对方时,标的确定。标的确定后不得变更,但是经对方同意的除外。

可选择的标的发生不能履行情形的,享有选择权的当事人不得选择不能履行的标的,但是该不能履行的情形是由对方造成的除外。

【特别提醒】

　　为减少争议和风险,当事人在签订协议时,最好明确约定履行标的,将标的特定化。

12. 合同约定由第三人向债权人履行债务,履行不符合约定时,应由谁承担违约责任?

【情景模拟】

　　2018年3月20日,江西某公司与浙江某公司签订买卖合同。合同约定,由浙江某公司向江西某公司提供30箱灯具,江西某公司先支付了100000元货款。合同对灯具的规格、型号、质量、交货时间等进行了详细约定。合同签订后,浙江某公司提出其子公司是具体生产灯具企业,由该子公司直接向江西某公司履行交货的义务,江西某公司同意浙江某公司的提议,但必须符合合同约定的灯具产品的型号、质量要求。合同签订后,第三人浙江某公司的子公司按照合同约定的交货时间向江西某公司提供灯具产品。对第三人交付的灯具,江西某公司经检验发现型号、质量均不符合合同约定,江西某公司主张产品未满足合同约定的质量要求,要求承担赔偿损失的违约责任,江西某公司应向浙江某公司主张违约责任,还是应向浙江某公司的子公司主张违约责任呢?

🔊【权威观点】

第三人浙江某公司的子公司交付的灯具质量不合格,履行不符合合同约定,根据《中华人民共和国民法典》第五百二十三条规定,应当由合同相对方,即浙江某公司承担相应的违约责任。

🎧【法官解读】

由第三人履行的合同,又称第三人负担的合同,指双方当事人约定债务由第三人履行的合同。由第三人履行的合同,往往具有减少交易环节,提高交易效率的功能。由第三人履行的合同,具有几个特点:1.合同是在债权人与债务人之间订立,以债权人、债务人为合同双方当事人,第三人不是合同当事人。合同约定的债务由债务人负担,而非第三人负担。2.债务人允诺的并非自身的履行,而是第三人的履行行为,第三人不履行债务的违约责任由债务人承担,而不是由第三人承担。3.债务人的债务是独立的债务,并非具有从属性的保证债务。

由第三人履行的合同与债务转移有相似性,两者都是由第三人履行,但两者存在明显的区别为:债务转移中的第三人为合同约定的参与主体,受合同的约束。第三人不履行债务或者履行债务不符合合同约定时,第三人需向债权人承担违约责任。在由第三人履行的合同中,债务人应通知第三人履行,如果第三人拒绝,债务人应当自行对债权人承担履行义务。如果第三人仅同意向债权人履行债务,但是并未明确表示愿意承担债务、加入债务的,只能认定为由第三人履行的合同,不能认定为债务转移。在第三人与债务人约定免责的债务转移情形时,即原债务人退出合同关系的,该约定必需经债权人同意才对债权人发生法律效力。

　　本案中,浙江某公司与江西某公司为合同双方当事人,浙江某公司对于江西某公司负有合同之债,虽然约定由第三人履行,但第三人并未参与合同的约定,并未作为合同的一方主体,案涉合同对第三人并没有约束力。且第三人浙江某公司的子公司也仅仅是表示愿意替总公司履行债务而非加入债务,第三人浙江某公司的子公司并非债务人,无需承担相应的合同约定的责任。

【法条链接】

《中华人民共和国民法典》

　　第五百二十三条　　当事人约定由第三人向债权人履行债务,第三人不履行债务或者履行债务不符合约定的,债务人应当向债权人承担违约责任。

【特别提醒】

　　债权人为确保自身权利,可要求履行合同的第三人作为合同一方主体加入债务的履行。

13. 合同未约定当事人合同义务的先后履行顺序,应如何履行?

【情景模拟】

　　2019 年 1 月,甲房地产公司与乙签订了一份房屋买卖合同,合同约定甲公司于当年 9 月 1 日向乙交付房屋 1 套,并办理登记手续,乙则向甲公司分三次付款:第一期支付二百万元,第二期支付一百万元,第三期则在 9 月 1 日甲公司向乙交付房屋时支付三百万元。在签订合同后,乙按期支付了第一期、第二期款项共计二百万元。

同年 9 月 1 日,甲公司将房屋的钥匙移交乙,但并未协助办理房屋所有权移转登记手续。因此,乙表示剩余款项在登记手续办理完毕后再付。在合同约定付款日期(9 月 1 日)7 日后,乙仍然没有付款,甲公司遂以乙违约为由诉至法院,请求乙承担违约责任。乙则以甲公司未按期办理房产所有权移转登记手续为由抗辩,主张甲公司未按期办理房屋产权转移登记手续,其可以拒绝履行支付最后一期房屋款项的义务。

【权威观点】

合同约定甲公司办理过户登记时间为 9 月 1 日,约定了乙支付最后一期房款时间亦为 9 月 1 日,但并未约定哪方履行在先,应视为没有约定先后履行顺序,根据《中华人民共和国民法典》第五百二十五条规定,双方应当同时履行。

【法官解读】

同时履行抗辩权,也称之为不履行抗辩权,是指双方合同的当事人一方在对方未为对待给付之前,可以拒绝自己履行义务的权利。同时履行抗辩权针对的是当事人互负债务,但是没有先后履行顺序的情况。同时履行抗辩权的适用必须满足以下几个条件:须基于同一双务合同互负债务,在履行上存在关联性;当事人的债务没有先后履行顺序;须双方所负的债务均已届履行期;对方当事人未履行自己所负的债务或者履行债务不符合约定仍然提出履行请求;必须对方的对待给付是可能的

请求方的履行不符合合同约定的,如已经构成迟延履行或部分履行、瑕疵履行或者有其他的违约行为的,相对方可以行使同时履行抗辩权,但应当限于"相应的"范围,即与请求方履行债务不符合约定的部分对应的部分。本案中,甲公司要求乙方履行支付房屋尾款的义务,但甲公司自身也存在迟延履行,只是交付房屋并未办理登记手续,因此,乙享有同时履行抗辩权。

请求方虽未实际履行,但已向相对方表达履行意愿的,相对方有权行使同时履行抗辩权。仅仅提出履行并不等同于实际履行,即使实际履行,还存在履行是否符合合同约定的问题,因此,相对方在这种情形下享有同时履行抗辩权。

同时履行抗辩权制度并非追求双方当事人债务的同时履行,并不是非要促成当事人按照"一手交钱、一手交货"的简单交易方式履行债务。同时履行抗辩权是一种防御性权利,从制度设计上来说,"防御"不是目的,目的在于打破僵局,促使债务履行。同时履行抗辩权属延期的抗辩权,只是暂时阻止对方当事人请求权的行使,非永久的抗辩权。对方当事人完全履行了合同义务,同时履行抗辩权消灭,当事人应当履行自己的义务。

本案中并未明确约定哪方履行义务在先,双方互负合同债务,一方要协助房屋过户登记一方要支付尾款,履行期限均已届满,符合同时履行抗辩权的成立要件,从公平角度考虑,案涉情况下当事人应当同时履行,乙享有履行抗辩权对抗甲公司的履行请求权。在司法实务中,为解决当事人关于合同履行的纠纷,不使合同的履行陷入僵局,通常在认定相对方同时履行抗辩权成立后,判决双方同时履行各自所负的义务,甲公司应履行办理房屋登记过户手续,乙履行支付最后一笔尾款的义务。

【法条链接】

《中华人民共和国民法典》

第五百二十五条 当事人互负债务,没有先后履行顺序的,应当同时履行。一方在对方履行之前有权拒绝其履行请求。一方在对方履行债务不符合约定时,有权拒绝其相应的履行请求。

【特别提醒】

为避免同时履行义务的僵局,尽量在合同中约定先后履行顺序。

14. 对方经营状况显著恶化,之前与其签订的合同,在先履行义务方能否中止履行?

【情景模拟】

2019年1月10日,蒋某与灸力康公司签订合同,约定:1.由蒋某独家代理某县区域内"灸力康"品牌健步功能鞋及非功能鞋相关产品;2.代理期限自2019年1月10日至2020年1月9日止,双方可根据合同的约定提前终止代理期限或续期;3.蒋某必须向灸力康公司缴纳进货保证金 5 万元,进货保证金根据年进货数量或额度有条件退返或冲抵货款;4.合同年度完成进货任务指标 40 万元;5.进货保证金返还标准为县级市、地级市、省会市、直辖市年度进货额分别达到 40 万元、55 万元、500 万元、1000 万元时一次性全部返完等。合同签订后,蒋某向灸力康公司支付代理保证金 5 万元。灸力康公司分别于 2019 年 1 月 10 日、2 月 19 日向蒋某发货并收到蒋某货款共计 1 万余元。

2018 年 11 月 19 日,某县市场监督管理局作出行政处罚决定,认定灸力康公司在其官网上宣传的"灸力康"品牌健步功能鞋及非功能鞋相关产品属发布虚假广告行为,责令灸力康公司停止发布广告,在相应范围内消除影响,并处以罚款 7200 元。

从 2018 年 7 月起,灸力康公司因产品质量存在瑕疵、产品价格较高及存在虚假宣传等原因与多个代理商发生纠纷。在灸力康公司经营存在上述情况下,蒋某能否中止履行代理合同约定的义务?

【权威观点】

虽然灸力康公司因涉及虚假宣传被处罚,因产品质量瑕存在众多纠纷。但根据《中华人民共和国民法典》第五百七十二条规定,蒋某必须举证证明灸力康公司存在其可以中止履行的四种情形之一,否则其无权中止履行合同义务,且应承担不按合同约定履行义务的违约责任。

【法官解读】

双务合同成立后,应当先履行的当事人有确切证据证明对方不能履行义务,或者不履行合同义务的可能性较高时,在对方恢复履行能力或者提供担保之前,有权中止履行合同义务。该种中止履行的方式称为行使不安抗辩权。不安抗辩权的适用需符合以下几个条件:1.当事人需基于同一双务合同且具有对价关系的互负债务。2.当事人互负的债务有先后履行顺序,并且先履行义务一方的义务已届履行期;3.须先履行合同义务的当事人有证据证明对方当事人有不能对待给付的现实危险,这些危险包括经营状况严重恶化,转移财产、抽逃资金以逃避债务,严重丧失商业信誉,其他丧失或者可能丧失履行债务能力的情形。

　　为了防止不安抗辩权的滥用,杜绝以任何理由和借口中止履行义务,法律规定应当先履行债务的当事人必须承担举证责任,有确切的证据证明对方存在相应的现实不能履行的危险。对于举证证明标准,司法实务中一般从严掌握,防止因标准过宽导致不安抗辩权的滥用。同时,还将审查应当后履行乙方出现的现实不能履行的情形与其不能履行所负担债务的因果关系。就本案情况来看,虽然灸力康公司存在一些商誉受损的行为,存在诉讼纠纷,但是否能达到商誉重大减损,涉的诉讼是否均败诉或者败诉风险较小,或者败诉对其履行能力没有构成根本性否定,在蒋某代理的产品和业务领域是否受到影响,蒋某仍需承担进一步的举证证明的责任。

　　不安抗辩权也是一种延期抗辩权,先履行义务一方只是暂时中止履行或者延期履行合同债务,而并非终止合同债务或消灭合同债务。如果应当后履行债务的一方当事人提供了适当担保或者做出了对待履行,不安抗辩权消灭,应当先履行义务一方的当事人应当恢复履行自己的债务。

【法条链接】

《中华人民共和国民法典》

第五百二十七条　应当先履行债务的当事人,有确切证据证明对方有下列情形之一的,可以中止履行:

(一)经营状况严重恶化;

(二)转移财产、抽逃资金,以逃避债务;

(三)丧失商业信誉;

(四)有丧失或者可能丧失履行债务能力的其他情形。

当事人没有确切证据中止履行的,应当承担违约责任。

【特别提醒】

要想使不安抗辩权发生法律效力,应当以通知的方式作出明示且有效通知到达对方。

15. 受新冠肺炎疫情或者疫情防控措施的影响,承租人有权变更或解除商铺租赁合同吗?

【情景模拟】

黄某从事理发行业,因开店需要于 2018 年 8 月 1 日起承租了邱某店面,租赁期限 3 年,每年度租金为 19200 元,每月按期缴纳店租。2019 年年底全国开始陆续出现新型冠状病毒感染者,且传播速度较快,2020 年 1 月 24 日,江西省启动重大突发公共卫生事件一级响应。

黄某即日起暂停营业,2020 年 2 月 1 日,黎川县人民政府下发《关于临时关闭大型商业街大型电器商场汽车修理店早餐店等场所的通告》,2020 年 2 月 6 日黎川县卫生健康委员会根据"抚州市新型冠状病毒感染的肺炎疫情防控应急指挥部第 7 号令"下发通知,要求非涉及居民生活必需的各类公共场所一律关闭随着疫情的有效控制,黎川县市场监督管理局下发有序恢复商业网点营业的通告,黄某在 2020 年 9 月 22 日恢复开店营业,受疫情影响一段时间未能正常经营,恢复经营后也不如往常生意好。另查明,黄某于 2020 年 3 月 3 日支付邱某 2 月份、3 月份店租 3200 元。黄某因疫情的原因无法正常经营的情形下,是否有权变更或者解除租赁合同?

【权威观点】

黄某受疫情影响导致经营困难,但并未导致租赁合同直接或者根本不能履行,黄某不享有合同解除权。但因新冠肺炎疫情及疫情防控措施属于不可抗力,黄某因疫情影响履行原合同产生困难,可以要求减免部分租金。

【法官解读】

《中华人民共和国民法典》第一百八十条规定:"不可抗力是指不能预见、不能避免且不能克服的客观情况。"本次新冠肺炎疫情暴发突然、影响范围广、严重程度高,且截至目前尚未研发出特效药物,全国各地均采取了一些强力疫情防控措施,符合不可抗力的三个构成要素"不能预见"、"不能避免"且"不能克服",符合不可抗力的成立条件。

　　租赁法律关系是与广大人民群众日常生产生活密切相关的法律关系，受此次疫情影响较大。对于因疫情影响是还是解除合同还是变更合同，如何变更的问题。最高人民法院发布的《新冠肺炎指导意见（一）》规定，疫情或者疫情防控措施仅导致合同履行困难的，当事人可以重新协商；能够继续履行的，人民法院应当切实加强调解工作，积极引导当事人继续履行。当事人以合同履行困难为由请求解除合同的，人民法院不予支持。继续履行合同对于当事人一方明显不公平，其请求变更合同履行期限、履行方式、价款数额等的，人民法院应当结合案件实际情况决定是否支持。合同依法变更后，当事人仍然主张部分或者全部免除责任的，人民法院不予支持。因疫情或者疫情防控措施导致合同目的不能实现，当事人可以请求解除合同。本案中黄某承租邱某店面经营理发店，双方为此签订了租赁合同，约定了租赁期限、租金金额、付款方式等事项，双方均应按合同约定履行各自的义务。因为疫情"不可抗力"情形出现，黄某根据《中华人民共和国民法典》第五百三十三条规定，可以请求变更或者解除合同。黄某只是受疫情影响，一段时间未能开展经常，导致经营困难，但并未不能实现合同目的。故对黄某要求解除合同的诉讼请求，一般不予支持。但对黄某要求减免租金的请求，根据案涉情况可以酌情予以支持。

　　基于促进交易、增加社会财富的考虑，法院在进行裁决时，通常会根据个案情况，首先考虑在最大限度内维持当事人之间的合同关系。如果存在变更合同的可能，通常会判决变更合同的履行方式。但若无法通过变更合同的方式消除当事人之间显失公平的法律后果，才考虑是否认定解除合同。

【法条链接】

《中华人民共和国民法典》

第五百三十三条　合同成立后,合同的基础条件发生了当事人在订立合同时无法预见的、不属于商业风险的重大变化,继续履行合同对于当事人一方明显不公平的,受不利影响的当事人可以与对方重新协商;在合理期限内协商不成的,当事人可以请求人民法院或者仲裁机构变更或者解除合同。

人民法院或者仲裁机构应当结合案件的实际情况,根据公平原则变更或者解除合同。

第五百六十三条　有下列情形之一的,当事人可以解除合同:

(一)因不可抗力致使不能实现合同目的的;

(二)在履行期限届满前,当事人一方明确表示或者以自己的行为表明不履行主要债务;

(三)当事人一方迟延履行主要债务,经催告后在合理期限内仍未履行;

(四)当事人一方迟延履行债务或者有其他违约行为致使不能实现合同目的的;

(五)法律规定的其他情形。

以持续履行的债务为内容的不定期合同,当事人可以随时解除合同,但是应当在合理期限之前通知对方。

【特别提醒】

(1)对于商业经营性房屋。如政府基于疫情防控需要,责令出租方暂停营业(如商场),并导致承租方停业的,或者商业经营性房屋承租方因受到疫情严重影响而主动停业的,可按照公平原则,适度减免租金,分担损失。

（2）对于普通住宅。由于普通住宅不涉及商业经营,疫情一般不会造成无法居住,影响有限,原则上不予以减免。如因控制外来人口因素,造成无法入住的,可按照公平原则,适度减免租金,分担损失。

★ 合同的保全

16. 债权到期,债务人对外有债不收,债权人能否代位收债?

【情景模拟】

2014 年 1 月 3 日,赵某用房产证作抵押向银行贷款 180000 元,借给李某用于买房。李某在赵某贷款之后,直到 2017 年 10 月 3 日,李某每月都按照银行贷款合同的约定向赵某偿还借款本息。同时在此期间,2016 年 5 月 25 日、26 日,赵某声称为了从银行要回房产证,需要替李某偿还银行借款,因此向高某借款 144000 元,从而将银行贷款一次性还清,总共偿还银行贷款总额为 148800 元。赵某将银行贷款还清后,李某一直定期向赵某还款,到 2017 年 10 月时一共还款 34394 元之后,李某并未再按时按约定向赵某还钱。此时,高某想要回自己借出去的钱,但是赵某又没有那么多钱,高某能否直接要求李某代替赵某向自己还钱? 高某能不能直接要求李某还债?

【权威观点】

当债权到期后,当作为直接债务人的赵某没有能力还钱,且在自己对第三人李某的债权到期时也没有向其主张还款的情况下,债权人高某可以直接跳过第一债务人赵某直接向法院请求要求第二债务人李某代为履行清偿义务,代替赵某向高某偿还债务。

【法官解读】

债权人代位权,是指因债务人没有及时行使其到期的债权,从而导致债务人自身财产难以满足债权人债权的实现,进而对债权人造成损害,此时,债权人可以向人民法院请求以自己的名义代替债务人向次债务人代位行使债权的权利。简而言之,代位权即赋予了到期债权的债权人享有直接请求次债务人要求其履行债务的权利。

债权人行使代位权需得满足以下条件:(1)债权人对债务人存在合法有效的到期债权。(2)债务人对相对第三人即次债务人享有合法有效的到期债权。上述合法指债权需得是符合法律的,不能是诸如赌债的非法权利。(3)债务人的债权到期但其并未及时行使对相对第三人的债权,并且影响到了债权人债权的实现。也即是说,第二个债务人的债务到期了,但是他并未主动履行债务,同时第一个债务人又没有起诉或申请仲裁要求他的债务人也即第二个债务人偿还欠款,从而导致债权人无法从第一债务人那里获得足额的债务履行。(4)第一债务人对第二债务人的债权并不具有专属性。换而言之,基于扶养、抚养、赡养、继承等身份关系产生的给付请求权和基于劳动关系产生的劳动报酬、养老金、抚恤金、安置费以及人身保险和基于人身伤害产生的损害赔偿请求权,都不得代位行使。同时,债权人代位权的行使需得通过诉讼的方式进行。需要债权人自己以相对第三人也即第二债务人为被告,直接要求第三人向自己履行义务。

在本案中,高某作为债权人,赵某向高某借款是第一债务人,而作为借房产证买房的李某则是第二债务人。在赵某帮助李某偿还贷款之后,赵某成为李某新的债权人,当李某不再继续还款构成违约时,作为债权人的赵某有权要求李某一次性还清拖欠的款项,这意味着赵某对李某的债权已经到期甚至是超期,可以要求其归还。然而,正是此种情况下,赵某并未向李某主张任何权利,从而导致赵某的还债能力有所下降,难以偿还其对高某的欠款,将会有损债权人高某的利益。故高某可以向法院请求判令第二债务人李某直接向自己偿还赵某欠自己的债务。

【法条链接】

《中华人民共和国民法典》

第五百三十五条　因债务人怠于行使其债权或者与该债权有关的从权利,影响债权人的到期债权实现的,债权人可以向人民法院请求以自己的名义代位行使债务人对相对人的权利,但是该权利专属于债务人自身的除外。

代位权的行使范围以债权人的到期债权为限。债权人行使代位权的必要费用,由债务人负担。

相对人对债务人的抗辩,可以向债权人主张。

【特别提醒】

当对他人尚有未收债权同时自己又对他人负有债务的情况下,

应当勤勉行使催收欠款的权利以及履行还清欠款的义务。当然作为债权人,当自己的债权实现存有风险时,也需要善于利用法律武器维护自己的权益。

17. 债权尚未到期,债权人能否行使代位权?

【情景模拟】

　　李某在乡镇上经销水稻收割机,2016 年 5 月,周某为了赶上水稻收割时节,到李某的店中购买了三台收割机用于承包各村的水稻收割。但是由于周某经营不善资金不充裕,所以并未向李某支付所有款项,仅是与李某约定到第二年年底付清所有款项。但是到同年年底,由于该地方连续下大雨导致许多村庄的粮食被淹没损毁,直接导致周某的水稻收割机的使用频率大大下降,再加上各个村庄由于自然灾害难以支付周某收割水稻的钱,是以周某没有足够的钱款偿还李某。其后周某自己经营的店面也由于生意冷清关门歇业了。直至 2017 年 12 月,周某仍欠李某购买收割机的款项 3 万元。此时,李某走访后得知周某在做生意期间仍对王某有一份 3 万元的未收债权,并且留有欠条,欠条约定王某最迟于 2015 年 1 月前还清欠款。然而因为周某忙于经营生意并未向王某要求还款。眼看着到 2018 年 1 月欠条所约定的还款时间就要满 3 年了,周某仍然没有向王某要求还款,此时李某在周某的还款时间尚未到期的情况下能不能直接越过周某向王某主张还款,从而保证自己债权的实现?

【权威观点】

当债务人周某对王某的债权即将超过诉讼时效时,即使债务人周某对债权人李某的债务尚未到期,为了维护自己的利益以使自己债权到期时能够有足够的财产保障,作为债权人的李某仍然可以在周某不作为的情况下直接向法院提起诉讼要求代替周某向王某索要欠款。

【法官解读】

通常而言,债权人代位权的实施前提之一即是要求债权人对债务人的债权已经到期。原则上这是代位权行使的必要条件,但在特殊情况下,为了平衡债权人的利益,当债权人确实有需要保存债务人对第三人债权的必要时,应当赋予该债权人以代位行使的权利,从而保障债权人的合法有效债权。最新的民法典中列举了两类债权人在其债权尚未到期时可以行使代位权的情形,主要包括诉讼时效期间届满和未及时申报破产债权。由于上述两种情形最终都会导致债务人对第三人的债权难以收回,进而导致债权人的债权实现变得更加困难。但作为一种原则性规定的例外,对债权人代位权的期前行使应当慎重考量,必须债权人符合代位权的期前行使的条件方可实施。一般来说,债权人在满足以下条件时可以提前行使代位权,从而保全其未到期的债权:(1)债权人对债务人存在未到期的债权。提前行使代位权这一权利创设的初衷就是债权人的债权尚未到期,倘若到期了则可直接适用代位权制度而无需另设新的规定。此时仅需要债权人能够提供证据证明存在交易关系以及尚未到最后的履行期。(2)与普通代位权一样,代位权的提前行使要求债务人对相对第三人也存有合法有效的权利。(3)需得债务人的不作为行为影响到了债权人的债权实现。债务人若对他的债务人即相对第三人不积极要求偿还欠款,甚至一直拖延直至过了三年诉讼时效时,将会导致债务人自身的债权丧失法律强制力的保护,当债权人债权到期时将可能损害债权人的利益。

在本案中,由于周某对王某的债权即将满三年的诉讼时效期间,倘若在三年期满之前周某仍旧不向王某催收债款,将会导致王某可以以该债权已过诉讼时效为由进行抗辩,从而难以保证周某可以要回该债权。因此作为债权人的李某有权直接代替周某向第三人王某要求其偿还对周某的欠款。

【法条链接】

《中华人民共和国民法典》

第五百三十六条　债权人的债权到期前,债务人的债权或者与该债权有关的从权利存在诉讼时效期间即将届满或者未及时申报破产债权等情形,影响债权人的债权实现的,债权人可以代位向债务人的相对人请求其向债务人履行、向破产管理人申报或者作出其他必要的行为。

【特别提醒】

债权人代位权的提前行使首先需得满足必备的要件;其次,债权人只能要求相对人向债务人偿还债务,不可以直接要求相对人向自己偿还债务。

18. 债务人高价收购他人财产,债权人如何保障自身权益?

【情景模拟】

　　2015 年 3 月,杨某为了在乡镇上盘下一个店面用作种子化肥分销店,向同村人李某借了 20 万元,并写下了借条,约定第二年年底将还清所有欠款。两年后,由于杨某不擅长经营导致店铺生意冷清难以继续经营下去。2017 年 12 月,李某向杨某索要欠款时,杨某声称自己没钱还。因此,李某向法院起诉杨某要求其归还欠款,在这期间,法院发现在 2017 年 10 月杨某向张某购买了一辆二手雪佛兰车,花费了 15 万元,然而该类型车在市场同期价格最高不超过 5 万元,后法院查明,杨某与张某原是亲戚关系,杨某告知张某 2017 年年底自己将要向李某还款 20 万元,但自己并不想还,因此打算从张某处花费 15 万元购买他的二手雪佛兰,张某欣喜地表示同意,随后二人便办理了车辆买卖手续。对此,李某可否请求法院撤销杨某与张某之间的二手车买卖合同从而保障自己的债权实现?

【权威观点】

　　杨某在尚未偿还李某欠款的情况下,以明显不合理的高价从张某那里花费 15 万元购买一辆市场正常价格才 5 万元的二手车,且张某明知杨某是为了逃避还款从而高价买车,仍然高价转让给杨某,此行为导致李某的债权无法实现,势必会对债权人李某造成损害,因此为了保障自己的权利,李某可以向法院请求撤销杨某与张某之间的二手车高价买卖合同。

【法官解读】

　　债务人如果有偿添置财产,并且是以一个适当合理的价格获得的,此时,债务人的行为并不会导致债务人的可承担责任的财产有所减损。在此种情况下,债务人的行为是一种正常生活行为,债权人无权干涉。但是如果债务人购入财产的价格并不是正常价,反而远远高于市场正常价格,此时由于购买的价格与财物的实际价格明显不具有对等性,就会导致债务人原本可以承担债务的财产有所减少,最终会导致债务人出现无法还债的状态;同时,当第三人在明知债务人高价购买他的东西是为了逃避债务时,债权人就有权行使撤销权撤销上述交易。简单来说,就是当第三人明知债务人是为了不还钱而高价向自己买入东西,并且自己为了赚钱帮助债务人完成了该行为时,会对债务人偿还债权人欠款的能力有所影响,最直接的就是会导致债务人自身能够还款的财产数额下降,从而影响到债权人债权的实现。故此时债权人有权要求法院撤销该二人之间的不合理交易以维护自身债权的如期实现。并非任何高价收购财产的行为债权人均可请求撤销,在此存有一定的限度。所谓的高价收购财产是指由人民法院综合各种情况进行综合判断,一般来说是指转让的价格高于当地指导价或市场交易价的30%。如果尚未超过此限度,并不能算作是高价收购财产从而影响债权人债权实现。

　　在上述案件中,杨某本可以用最多5万元的价格购入该车辆,但他为了不还李某的钱,故意与张某商定以15万元的高价购买该二手车,此时的价格明显超过了正常价的30%,此行为会导致杨某用于偿还李某债务的财产直接减损10万元,因此,李某可以向人民法院申请撤销杨某和张某的上述二手车交易。

【法条链接】

《中某人民共和国民法典》

第五百三十九条　债务人以明显不合理的低价转让财产、以明显不合理的高价受让他人财产或者为他人的债务提供担保,影响债权人的债权实现,债务人的相对人知道或者应当知道该情形的,债权人可以请求人民法院撤销债务人的行为。

【特别提醒】

倘若遇到债务人在尚未还清债务之前以高价购入财物的,应当谨慎对待,首先需要明确该物品在市场上的价格是多少,以便准确分析债务人的行为是否属于“高价”;其次,需要注意超出的限度,需得是高于正常价格的30%。

★合同的变更和转让

19.债权人无视债权禁止转让的约定,转让债权有效吗?

【情景模拟】

2018年5月,王某某想要在本村盘下一个店面用作经营早餐店,因此向同学杨某借了10万元,并且双方在于某的见证下约定,杨某不得将自己对王某某的10万元债权转让给他人。后因为杨某对朱某的债务已经到期但其尚未履行,便与朱某约定,将自己对王某某的 10 万元债权转让给朱某。同年 7 月,王某某在租下店面后,在于某的陪同下又到金某的店里购买了桌椅和餐具,并且双方约定 8 月 15 日一手交钱一手交货,同时还约定双方均不得将权利转让给任何第三方,否则视为违约。其后三天,于某跟王某某商量她想要王某某选定的桌椅、餐具,要求王某某将对金某的债权让与给自己,王某某认为于某跟自己是好朋友就答应了,并告诉金某她订的货转给于某,向金某发出了债权让与通知,自己则到其他地方购买了新的桌椅和餐具。此时,在上述第一种债权转让情形中,王某某能否拒绝向第三人朱某履行 10 万元债务? 在第二种情形中,金某能否拒绝向于某履行移交货物的义务?

【权威观点】

在以给付金钱为标的的情形中,尽管双方约定了债权不得进行转让,但债权转让后,作为债务人的王某某不得拒绝向朱某履行 10 万元的债务。在以交付物品为标的的情形中,当事人约定对该非金钱债权不得进行转让时,作为在当场见证了该约定的于某,其行为无法构成善意,因此金某可以拒绝向于某转移货物。

【法官解读】

通常而言,债权人将自己对他人的债权进行转移时,需要及时通知债务人以使其知晓,从而避免债务人偿还债务时还错了人。一般来说债权人可以将自己债权的全部或者一部分转让给第三人,但在有些情况下这种转让自己债权的行为也会受到限制,《中华人民共和国民法典》第五百四十五条明确规定了这些例外情形。随着债权在资本市场上的作用越来越大，在实际生活交易中，若双方当事人仅仅是约定了对金钱债权不得进行转让，按照现行法律规定，此种约定实质上并不会起到约束债权人的目的，债权人仍可在必要的时候将自己的债权进行转让，接受债权转让的第三人有权利向债务人主张债权的实现。主要原因在于归还欠款，这并不会存在有严格的人身依赖关系以及并不会导致债权的性质发生变更等情况，因此为了最大程度的促进金钱债权的流通，法律对禁止转让金钱债权的约定，在不考虑受让第三方的主观意图的情况下一概不予支持。换而言之，当事人之间约定的禁止金钱债权转让的内容并不会对债权人产生约束力。

但对于金钱债权以外的非金钱债权，如交付货物或提供服务等，此类债权并不像金钱债权那般完全不具有人身依赖性，非金钱债权大多数仍具有特定性，因此一般会约定不得转让。但当债权人转让了自己的债权，如果受让人在接受该份债权时并不知道债权人与债务人之间原本就该债权的转让进行了限制约定，此时，作为善意的债权受让方，他仍然有权利按照正常受让债权之后向债务人要求履行债务，此时，债务人不得拒绝。但若是受让人明知或者可以确定他应该知道双方之间的禁止转让约定时，债务人可以拒绝受让人的请求。

在上述案件中便存在两种内容的禁止转让约定。在前一种金钱债权情况下，王某某无权拒绝朱某的还款请求。而在交付货物的情况下，金某明知债权禁止转让，于某有权利拒绝向其履行义务。

【法条链接】

《中华人民共和国民法典》

第五百四十五条 债权人可以将债权的全部或者部分转让给第

三人,但是有下列情形之一的除外:

（一）根据债权性质不得转让;

（二）按照当事人约定不得转让;

（三）依照法律规定不得转让。

当事人约定非金钱债权不得转让的,不得对抗善意第三人。当事人约定金钱债权不得转让的,不得对抗第三人。

【特别提醒】

实践中双方之间对金钱债权禁止转让的约定实际效果相当于没有约定,因此对债务人而言,为了实现对自身权益的更大保护,债务人需在合同中约定较高的违约金以及要求债权人在转让后一定要及时通知自己,仅有此种以增加债权人成本的方式进行约束,方可最大程度保障自己的利益。

20. 债权转让后抵押登记未变更,抵押权属于谁?

【情景模拟】

2019 年 3 月 20 日,由于看到最近猪肉价格大涨,为了趁机赚一笔,李某想要自己养猪再放到市场上去卖,但无奈自己没有那么多钱,恰好此时自己的远房亲戚张某回老家了,因此李某就向张某借了 20 万元用来养猪,并且双方还签订了一份借款合同。同时,为了保证届时李某会向自己还钱,张某要求李某用自己的房子做抵押,并且双方办理了抵押登记。债务履行期满后,李某没有还钱。在这之后,因张某自己对第三人王某尚有债务未还清,因此张某将自己对李某的债权以及抵押权一并转让给了王某,并且双方签订了债权转让协议。但是在张某将债权转让给王某之后,王某并没有重新办理抵押权登记。2020 年 2 月,王某向李某发送了《清偿到期债务通知书》,但李某并没有在限定的期限内清偿债务。此时,作为债权受让人的王某能不能请求对李某提供的抵押物行使优先受偿权?该房子的抵押权应归谁所有?

【权威观点】

当主债权转移时,相应的抵押权也一并转移,并且在受让人未对该抵押物进行重新登记的情况下,仍可主张对抵押物的优先受偿权,此时债权受让人王某基于法律规定获得抵押权,可以请求对李某的抵押物行使优先受偿权,该房子抵押权一并归于王某。

【法官解读】

债权转让在民事活动中非常频繁,并且由于所转让的债权通常会伴随抵押权作担保,是故在债权转移时应不应该重新对抵押权进行登记是一大问题。作为一种担保主债权实现的权利,抵押权具有从属性,这一从属性一方面表现在效力上的从属性,即主债权合同无效时,担保合同也归于无效,抵押权相当于未设立。另一方面表现为转让上的从属性。当债权转让时,除非双方之间另有约定或法律另有规定,担保物权将随同债权一并转移给债权受让人。因此,即使受让人在受让债权后,没有办理抵押权变更登记,也会因为受让了债权,从而对于抵押物也当然取得抵押权。此外,根据担保物权的从属性,债权人转让债权既不需要抵押人同意,也不需要通知抵押人,因此,抵押人不得以未接到通知、未经本人同意、未办理抵押权变更登记为由,主张不再承担担保责任。

在上述案件中,张某与李某并未在合同中约定抵押权不得转让,因此可以认为当张某对李某的主债权进行转让时,作为担保张某债权实现的抵押权自然也应当同时转移,否则将会对债权受让人施加更高的风险。是故,既然上述债权的转让是合法有效的,那么跟随主债权一并转移的抵押权自然也是合法有效的,作为债权受让人的王某若只是为了保证自己债权的实现,就无须再对抵押权进行重新登记,此时在李某无法还清债务时仍可要求对抵押物行使优先受偿权。但若是王某在行使优先受偿权后想将该抵押物重新卖出去,此时王某则需要重新办理抵押权变更登记手续。

【法条链接】

《中华人民共和国民法典》

第五百四十七条 债权人转让债权的,受让人取得与债权有关的从权利,但是该从权利专属于债权人自身的除外。

受让人取得从权利不应该从权利未办理转移登记手续或者未转移占有而受到影响。

【特别提醒】

受让人在受让债权后,应当及时办理抵押权变更登记手续,这也是为以后处分抵押财产提前做好准备。同时,抵押人在接到债权转让通知后,也不能心存侥幸地认为未经变更登记就可以不再承担担

保责任。为了保障自身利益安全,债权一转移,应及时办理抵押变更
登记手续。

21. 当事人就同一事项签订多份合同,应履行哪份合同?

【情景模拟】

2018 年,东乡镇政府为了鼓励村民多种植水稻,避免稻田荒废,因此帮村民准备好了种植水稻的前期工作。胡某在感慨政府热心之余,到陈某开设的化肥店中订购了 50 袋化肥,并与陈某签订了化肥买卖合同,其中约定胡某购买 50 袋化肥,每袋单价为 120 元,2018 年 3 月中旬,陈某负责将化肥送到胡某的家中,到那时,胡某再将钱一次性付给陈某。其后,由于政府将稻田以及秧苗全部准备好了,胡某见没自己什么事,于是便打算多种一点,因此又到陈某的店中跟陈某说,自己打算多种一点,可能需要多一点化肥,希望陈某能够给自己便宜一点,陈某便说可以,因此双方对原本的买卖合同进行了一定的修改。其中约定胡某向陈某订购五十来袋化肥,价格按照上次约定的再便宜一点,仍由陈某送到胡某家中。到约定的送货上门日期时,陈某仅送了 50 袋化肥到胡某的家中,并要求胡某按照每袋 120 元的价格支付钱款。胡某表示自己订购的明明不止 50 袋,价格也不应该是 120 元,陈某的行为构成违约。此时,对于上述订购化肥的两份合同,陈某究竟应该履行哪一份呢?

🔊 **【权威观点】**

胡某与陈某双方之间基于自己真实的意思表示成立了化肥订购合同。而对于数量以及价格均未明确的变更后的第二份合同,应推定为未对原合同变更,故应当履行第一份合同。所以,合同主要标的的变更,应当具体、明确,才能达到真正意义上的变更合同。

🎧 **【法官解读】**

日常生活中,交易往往不是一次性达成的,需要双方当事人之间不断的进行商量讨论。因此法律为了充分保障当事人的意思自治,赋予了合同双方当事人自由协商从而变更合同的自由。只要双方当事人之间是基于自己的真实意愿通过相互协商沟通,最终又达成了新的一致,就可以变更原先的合同从而形成新的合同,原先的合同则视为不存在。但是当事人双方在约定新的事项,意图将原先的合同作废时,必须约定明确的更改后的合同信息,因为合同的变更也就是对合同内容进行修改,此种修改会实质上影响双方当事人之间的权利和义务。正因如此,法律对双方当事人未明晰的变更是不予认可的,直接推定双方未明确的变更视为没有对合同进行变更,对于当事人来说是不产生法律上的约束力的。也就是说,当双方的变更是不明确时,任何一方当事人都无法依据不明确变更的合同向另一方行使合同中的权利,即便行使了,也难以受到法律的保护。

民法最为重视的即是当事人的意思自治,自己想要什么,想怎么使用某个东西都是自己的自由,在不违反法律、行政法规的强制性规定的情形下,一般是会受到法律支持的。当然,法律也为合同的成立限制了一定的条件,诸如要求当事人能够清楚地知道自己的行为将会产生什么后果。对于合同的变更也是如此,当双方基于同一个事情先后达成了多个意思表示时,一般来说,在后的意思表示会覆盖在前的意思表示,从而获得待履行合同的地位。但也存在特殊情况,比如上述案例中所出现的情形,双方就合同的变更并未达成一致,对于合同究竟该变更成何种样子,并未明确。胡某只是说自己想订五十多袋化肥,而陈某也没有跟胡某说好确定的价格,因此对于后面的化肥订购合同,实际上是并不会起到产生合同变更效果的,因此在胡某与陈某之间并未就原合同进行更改,陈某仅需按照原合同履行即可。

【法条链接】

《中华人民共和国民法典》

第五百四十三条　当事人协商一致,可以变更合同。

第五百四十四条　当事人对合同变更的内容约定不明确的,推定为未变更。

【特别提醒】

法律虽赋予当事人极为充分的意思自治,但在行使的过程中为了能真正达到效果,应当力求每次的意思表达与内容变更都表述清晰明确,以使对方能够清楚的知晓,从而才能达到真正意义上的变更合同内容的目的。

★ 合同的权利义务终止

22. 对一人负多笔债务，部分清偿，清偿对象如何确定？

【情景模拟】

李某因生意资金周转的需要，多次向王某借款，每次借款均对应出具借条。具体借款情况如下：李某于 2018 年 5 月 20 日向王某出具借条载明借款 5 万元，三个月后偿还，利息按月息 1% 计算；于 2018 年 12 月 20 出具借条载明借款 3 万元，六个月后偿还，利息按月息 1% 计算，该借条上陈某作为担保人签字承诺承担连带清偿责任；李某于 2019 年 3 月 5 日出具借条载明借款 6 万元，三个月后偿还，利息按月息 1.5% 计算。2019 年 7 月，李某向王某偿还了 3 万元，现王某主张是偿还 2018 年 5 月 20 日借款，陈某主张是偿还其提供了担保的借款。那么这笔还款究竟应当认定为是偿还哪笔借款呢？

【权威观点】

李某多次向王某借款，对王某负有多笔债务，其偿还的 3 万元并不足以清偿全部债务。因王某清偿的时候并未指定该偿还的 3 万元是履行哪笔借款的还款义务，在各项债务均到期的情况下，应当偿还债务人负担较重的债务。2019 年 3 月 5 日的借款约定的利率最高，且没有任何担保，债务负担较重，故李某偿还的 3 万元款项应当认定为是偿还 2019 年 3 月 5 日的借款。

【法官解读】

现实生活中经常会出现债务人对同一债权人负担数项同类债务,在给付不足清偿全部债务的情况下,有的附有利息,有的附有担保,清偿顺序不同涉及利息计算、涉及债务人利益、担保人利益。在清偿的关系中,债务人处于弱势地位,所以其有选择偿还哪笔债务的权利。但也不能允许任意抵充,比如两笔债权,一笔先到诉讼时效,另一笔后到诉讼时效,如果允许任意抵充,也将损害债权人利益。法律在遵循"债权人利益优先、兼顾债务人利益"的原则,作出清偿顺序的法律规定。

(一)清偿抵充适用的要件。

关于清偿抵充的构成要件:1.债务人对同一债权人负多笔债务。多笔债务的性质可以是债务人基于不同原因产生的合法债务,并不仅仅限于借款;2.债务人所负多笔债务必须给付种类相同。比如债务人因为借贷需给付金钱的债务,债务人因为买卖需要给付粮食的债务,如果债务人给付了粮食,该给付应当认定为是冲抵粮食之债,不能使用本条规定的抵充顺序;3.债务人清偿的数额不足以清偿全部债务。如果债务人一次性将全部债务清偿,则不存在抵充哪笔债务的问题。

(二)清偿的顺序。

在适用法定抵充方法进行清偿时,抵充的顺位为:(1)已到期的债务;(2)债务均到期的,没有担保的债务;(3)债务均到期的,担保最少的债务;(4)债务均到期的,债务人负担较重的债务;(5)负担相同的,先到期的债务;(6)债务均未到期的,先到期的债务;(7)以上情况均相同,到期时间也相同的债务,则按债务比例履行。

本案中,因李某多次向王某借款,分别出具借条,对王某负有多笔债务,每笔债务约定的利息,是否有担保均不相同。在李某偿还的3万元不足以清偿全部债务的情形下,双方每次借条中没有约定清偿顺位,李某在还款时也没有明确指定偿还哪笔借款,法院将依据《中华人民共和国民法典》第560条规定的法定清偿顺序规定认定清偿顺位。2019年3月5日的借款约定的利率最高,且没有任何担保,债务负担较重,故李某偿还的3万元款项应当认定为是偿还2019年3月5日的借款。

【法条链接】

《中华人民共和国民法典》

第五百六十条　债务人对同一债权人负担的数项债务种类相同,债务人的给付不足以清偿全部债务的,除当事人另有约定外,由债务人在清偿时指定其履行的债务。

债务人未作指定的,应当优先履行已经到期的债务;数项债务均到期的,优先履行对债权人缺乏担保或者担保最少的债务;均无担保或者担保相等的,优先履行债务人负担较重的债务;负担相同的,按照债务到期的先后顺序履行;到期时间相同的,按照债务比例履行。

【特别提醒】

清偿顺位为:约定抵充优先,指定抵充次之,最后才是法定抵偿。债务人如想明确偿还哪笔债务,可以通过事先在合同中约定冲抵的方式,也可以在还款时明确指定是偿还哪笔债务。

23. 发生地震,合同能否解除?

【情景模拟】

2019 年 8 月 1 日,胡某与姜某签订房屋买卖合同,约定胡某将位于新城小区的别墅出卖给姜某,售价 200 万元。合同约定,姜某于 5 日内将首付款 100 万元支付给胡某,胡某于收到首付款项后 5 日内交付房屋,并一同去办理房屋所有权过户登记手续。双方还约定逾期交房或办理过户登记手续的,胡某应向姜某承担 10 万元违约金。

2019 年 8 月 4 日,姜某按约支付了 100 万元。后当地发生 8 级大地震,本应交付给姜某的别墅在地震中倒塌。无奈之下,胡某只好告知姜某无法交付房屋,并请求解除合同。胡某能否行使解除权? 是否应当支付违约金?

【权威观点】

案涉地震的发生属于法律规定的不可抗力情形,该不可抗力导致房屋损毁,标的物无法交付,姜某购买房屋的合同目的不能实现,胡某可以行使法定解除权。由于损害结果是不可抗力原因致使,故胡某无须承担合同约定的违约责任。

【法官解读】

不可抗力是不能预见、不能避免且不能克服的客观情况,包括自然原因的不可抗力,比如地震、台风、海啸等,也有社会原因的不可抗力,比如战争、动乱等。一般说来,以下情况被认为属于不可抗力:(1)自然灾害。自然灾害包括因自然界的力量引发的灾害,例如地震、海啸、火山喷发、台风、冰雹等。自然灾害的发生,常常使合同的履行成为不必要或者不可能,需要解除合同。比如,地震摧毁了供货一方的工厂,使其无法生产订购的货物,其要求解除合同。需要注意的是,一般各国都承认自然灾害为不可抗力,但有的国家认为自然灾害不是不可抗力。因此,在处理涉外合同时,要特别注意各国法律的不同规定。(2)战争。战争的爆发可能影响一国以至于更多国家的经济秩序,使合同履行成为不必要。(3)社会异常事件。主要指一些偶发的阻碍合同履行的事件。比如一些国家认为罢工、骚乱属于不可抗力。(4)政府行为。主要指合同订立后,政府颁布新的政策、法律,采取行政措施导致合同不能履行,如有些国家认为禁运、交通封锁、人员隔离、进出境限制、停工停产等属于不可抗力。

合同能否解除涉及当事人是否享有解除权,包括约定解除和法定解除。约定解除的事由是根据当事人约定,体现的是当事人意思自治。法定解除的事由由法律直接规定,只要发生法律规定的具体情形,当事人即可主张解除合同,赋予当事人单方消灭合同的权利。本案主要涉及法定解除条件中,因不可抗力致使不能实现合同目的的解除条件的认定。首先,要认定事件的发生是否属于不可抗力,不能预见、不能避免且不能克服,三个条件缺一不可。不能预见,是指行为人主观上对于某一客观情况的发生无法预测。对于某一客观情况的发生可否预见,因人的认知能力不同,科学技术的发展水平各异,预见能力必然有差别。因此,不可预见,应以一般人的预见能力作为判断标准。地震在科学技术发展的今天,仍然无法预测并避免。

其次,要认定事件的发生是否致使不能实现合同目的。如果不可抗力只是暂时阻碍合同履行,或影响合同部分内容的履行,并不必然导致合同解除。本案中,因受到地震影响房屋倒塌,合同约定的交付标的已经无法交付,购房的合同目的无法实现。再次,不可抗力作为合同解除的条件必须是合同履行障碍的直接或根本原因,且将不可力作为免责事由,必须是构成损害结果发生的原因。只有损害在完全是由不可抗力引起的,当事人才免除承担相应的违约责任或损害赔偿的民事责任。本案中,姜某无法交付的原因是地震不可抗力情形所致,可以免除其违约责任。

【法条链接】

《中华人民共和国民法典》

第五百六十三条　有下列情形之一的,当事人可以解除合同:

(一)因不可抗力致使不能实现合同目的;

(二)在履行期限届满前,当事人一方明确表示或者以自己的行为表明不履行主要债务;

(三)当事人一方迟延履行主要债务,经催告后在合理期限内仍未履行;

(四)当事人一方迟延履行债务或者有其他违约行为致使不能实现合同目的;

(五)法律规定的其他情形。

以持续履行的债务为内容的不定期合同,当事人可以随时解除合同,但是应当在合理期限之前通知对方。

【特别提醒】

对于不可抗力的合同条款双方当事人可约定范围,如该范围小于法定范围的,以法定范围为准,如该约定大于法定范围的,超出部分视为双方当事人约定的免责条款。

24. 限购政策导致已购商品房无法过户,能否解除合同?

【情景模拟】

2018 年 2 月 15 日唐先生与赵女士签署了《房屋买卖合同》,双方约定赵女士将其位于北京丰台区的一套一居室住房以 180 万元的价格出售给唐先生。唐先生于签约当日交纳了首笔购房款 60 万元。双方约定一个月内办理房屋过户登记手续,过户登记之日唐先生一次性付清全部尾款 120 万元,任何一方擅自解约的,应向对方支付房价款的 20% 作为违约金。但让双方没有想到的是,双方签约次日,北京市人民政府办公厅下发了通知,对居民家庭在北京市购买住房的资格限制及限购套数等问题均作出了相应的规定。按此规定,唐先生因没有北京户口且刚到北京工作两年而不具备购房资格,导致无法办理房屋过户登记。于是,唐先生提出解除合同,退还购房款。但赵女士以唐先生单方解约为由,提出扣除 36 万元的违约金,故只同意退还唐先生 24 万元。唐先生能否解除合同并要求退还已付购房款 60 万元?

【权威观点】

合同订立后由于住房限购政策的实施致使买受人无法办理房屋过户登记的,属于因不可归责于双方当事人的原因导致合同目的无法实现,唐先生可以要求解除合同并要求退还全部已付购房款 60 万元的。

【法官解读】

《合同法》采用"不能实现合同目的"作为法定解除的实质性判断标准,允许守约当事人在合同目的不能实现的情况下突破合同严守原则的束缚。住房限购政策在性质上具有公共政策的性质,确实会对房屋买卖合同能否继续履行造成重大影响,但其并不属于不可抗力情形。因此,在限购政策导致房屋买卖合同不能履行的情形,司法实践中处理存在不同意见。2011 年 12 月 13 日北京市高级人民法院下发了《关于妥善处理涉及住房限购政策的房屋买卖合同纠纷案件若干问题的会议纪要》,统一了此类案件的裁判标准:1、住房限购政策不属于《合同法》规定的不可抗力,在合同签订后由于住房限购政策的实施致使购房人无法办理过户手续,属于因不可归责于双方当事人的原因导致买受人合同目的无法实现,当事人要求解除合同,除合同另有约定外,一般应予支持。出卖人应当退还购房人购房款或者定金,但是不适用违约责任和定金罚则。2、如果房屋买卖合同依约定能够实际履行,因一方当事人的原因致使合同迟延履行,在此期间由于住房限购政策的实施导致合同无法继续履行的,守约方有权要求解除合同,并要求违约方承担违约责任、承担损失。3、对于在住房限购政策实施后,购房人明知自身不具备购房资格仍与出卖人签订购房合同,导致订立的房屋买卖合同违反住房限购政策而无法实际继续履行的,另一方当事人有权请求解除或者撤销合同,并要求对方当事人赔偿因此造成的损失。

本案中,唐某因受限购政策影响,且限购政策是双方签订房屋购买合同之后出台,并非唐某明知自身不具备购房资格而签订合同的,唐某可以要求解除合同。出售方赵某应当将收取的房款予以返还,且无权要求唐某承担违约责任。

【法条链接】

《中华人民共和国民法典》

第五百六十三条 有下列情形之一的,当事人可以解除合同:

(一)因不可抗力致使不能实现合同目的;

(二)在履行期限届满前,当事人一方明确表示或者以自己的行为表明不履行主要债务;

(三)当事人一方迟延履行主要债务,经催告后在合理期限内仍未履行;

(四)当事人一方迟延履行债务或者有其他违约行为致使不能实现合同目的;

(五)法律规定的其他情形。

以持续履行的债务为内容的不定期合同,当事人可以随时解除合同,但是应当在合理期限之前通知对方。

【特别提醒】

如果合同解除确实导致当事人间利益失衡,损失方可以要求对方补偿其所受的合理损失。

25. 合同解除可否免除违约责任?

【情景模拟】

2018年7月20日,A公司为甲方,B公司为乙方,双方签订《租赁合同》,约定B公司将所有的某酒店租赁给A公司经营,A公司应在合同约定范围内对酒店进行装修改造并予以经营,但不能改变酒店对外的招牌。合同还就租金数额、支付期限、违约条款等作出了约定。合同签订后,A公司按约向B公司支付了200万元保证金,收到200万元保证金后,B公司将酒店及酒店平面设计图移交给A公司,A公司开始对酒店进行装修改造。在A公司装修过程中,扩大了装修范围,并将酒店招牌予以了更换。B公司以其装修不符合合同约定、擅自更改招牌为由阻扰A公司继续装修、对外经营,并起诉解除租赁合同,要求B公司承担违约责任。A公司因已经投入大量资金装修完毕开始经营,不同意解除合同,但双方因履行问题频频发生冲突。A公司无奈只能提起反诉,主张B公司违约,要求解除租赁合同,承担违约责任。

【权威观点】

本案中A公司存违反合同约定扩大装修范围、更换酒店招牌的违约行为,B公司存在阻扰对方经营、擅自不按合同履行酒店交付义务的违约行为。由于双方均同意解除合同,但解除合同不影响各自违约责任的承担。双方均可向对方主张因对方违约行为产生的损失赔偿的违约责任。

【法官解读】

关于合同解除与赔偿损失的违约责任能否并存的问题,实践中存在争议,《中华人民共和国民法典》第五百六十六明确规定,违约解除和违约责任并不互相排斥,可以并存。合同因违约解除的,无论是一方因对方违约行使约定解除权或法定解除权解除合同,还是双方因一方违约或双方违约而达成解除合同的意思一致时,除当事人另有约定外,合同中有关违约责任的约定并不因合同解除而失效。需注意的是,可以主张赔偿损失的"当事人"并非仅仅是解除权人,也包括相对人,比如在双方均违约的场合。在案涉情形中,两公司均存在违约行为,双方均要求解除合同,实际上达成了解除合同的合意,但双方并不因为合同解除而免除应合同约定应承担的违约责任。双方可根据对方违约行为造成的损失主张赔偿。

解除权人在通过"恢复原状请求权"收回自己已经给付的物以外,比如案涉情形中 B 公司收回酒店后,对于因合同履行产生的损害,仍可主张赔偿。赔偿范围以履行利益(包括合同履行后可以获得利益)为主,同时包括其他损失的赔偿。A 公司可以主张装修投入费用的损失赔偿,也可以主张合同继续履行时,其经营酒店产生的利益,当然必须在 A 公司就相关履行利益予以举证的前提下。对于合同解除后赔偿损失的范围,也是实践中争议较多的问题。实务中如果是因根本违约而解除合同的,其赔偿范围应为履行利益的损失,但不得超过违约一方订立合同时预见到或者应当预见到的因违约可能造成的损失。在任意解除的场合发生的损失赔偿,赔偿范围应当限于信赖利益的赔偿。

合同解除后是否承担赔偿损失责任,还应考虑合同解除的具体原因,比如双方协议解除合同时如果免除了对方赔偿损失责任的,协议生效后,不得再请求赔偿。因不可抗力解除合同的,一般不承担赔偿损失的责任。但在不可抗力发生后,应当采取补救措施减少损失扩大而没有采取的,应对扩大的损失承担赔偿责任。

【法条链接】

《中华人民共和国民法典》

第五百五十七条　有下列情形之一的,债权债务终止:

(一)债务已经履行;

(二)债务相互抵销;

(三)债务人依法将标的物提存;

(四)债权人免除债务;

(五)债权债务同归于一人;

(六)法律规定或者当事人约定终止的其他情形。

合同解除的,该合同的权利义务关系终止。

第五百六十六条　合同解除后,尚未履行的,终止履行;已经履行的,根据履行情况和合同性质,当事人可以请求恢复原状或者采取其他补救措施,并有权请求赔偿损失。

合同因违约解除的,解除权人可以请求违约方承担违约责任,但是当事人另有约定的除外。

主合同解除后,担保人对债务人应当承担的民事责任仍应当承担担保责任,但是担保合同另有约定的除外

【特别提醒】

为了避免实践中就合同解除后损失赔偿举证责任困难,可事先在合同中约定违约责任承担的方式和数额。

★ 违约责任

26.违约方可以请求解除合同吗?

【情景模拟】

甲公司开发建筑面积 2 万平方米的购物广场。2012 年 9 月 1 日,李某与甲公司签订一份商铺买卖合同,约定:甲公司向李某出售购物广场店面商铺一套,建筑面积 20 平方米,每平方米售价 8000 元,总价款 16 万元,9 月 20 日前交付,交付后三个月内双方共同办理商铺权属过户手续。合同签订后,李某按约支付了全部价款。2012 年 9 月 20 日,甲公司将商铺交付李某使用,但一直未办理产权过户手续。2013 年,甲公司将购物广场内的自有建筑面积租赁给乙公司经营。2014 年,乙公司因经营不善停业。停业后,购买商铺的业主无法在购物广场内正常经营,部分业主要求退房。甲公司为盘活资产、重新开业,准备对购物广场的全部经营面积进行调整,重新规划布局,为此陆续与大部分业主解除了商铺买卖合同,并开始在购物广场内施工。2017 年,甲公司致函李某,通知其解除双方签订的商铺买卖合同。但李某不同意解除合同。由于李某坚持不退商铺,也不配合甲公司施工,导致甲公司施工受阻。甲公司向法院起诉,请求解除与李某签订的商铺买卖合同,并愿意承担解除合同的违约责任。甲公司的解除合同的请求能够得到支持吗?

【权威观点】

在合同已经不具备继续履行的条件时,为平衡双方当事人的利益,可以允许违约方解除合同,但违约方应向守约方承担违约责任。

【法官解读】

(一)特殊情况下违约方也可以请求解除合同。

一般情况下,继续履行是让违约方承担责任的首选方式。这是由于继续履行比采取补救措施、赔偿损失或者支付违约金,更有利于实现守约方的合同目的。但是,当继续履行的条件不具备时,就不应再将继续履行作为违约方承担责任的方式。根据《中华人民共和国民法典》第五百八十条的规定,当法律上或者事实上不能履行、债务的标的不适于强制履行或者履行费用过高、债权人在合理期限内未请求履行,致使不能实现合同目的的,人民法院或者仲裁机构可以根据当事人的请求终止合同权利义务关系。违约方在符合上述条件时,可以请求解除合同。

(二)在履行费用过高时违约方可以请求解除合同。

允许违约方在履行费用过高时解除合同,主要是考虑到如果强制要求违约方继续履行合同,会导致明显的不公平。在双方当事人对是否解除合同意见相反的情况下,如果继续履行虽然可以给守约方带来一定的利益,但当这种利益与给违约方实际履行所造成的损失明显不对等时,应当允许违约方解除合同。情景模拟中,如果让甲公司继续履行与李某签订的商铺买卖合同,那么甲公司对于 2 万平方米建筑面积的规划和改造将受到严重影响。而李某不配合甲公司进行改造施工,在已失去商业环境的购物广场经营 20 平方米的商铺,实际上也达不到要求继续履行合同的目的。

(三)违约方请求解除合同后应当承担违约责任。

违约方起诉请求解除合同主观上必须是非恶意的。实践中,经常发生因房屋价格上涨,违约方一房多卖、赚取暴利的情形。此时,对于违约方请求解除合同的,不予支持。当违约方在主观上并非恶意,可以诉请解除合同时,根据《中华人民共和国民法典》第五百八十条第二款的规定,违约方起诉解除合同,并不影响违约方应承担的违约责任。也就是说,对于守约方的损失,违约方仍应予以赔偿。

【法条链接】

《中华人民共和国民法典》

第五百八十条 当事人一方不履行非金钱债务或者履行非金钱债务不符合约定的,对方可以请求履行,但是有下列情形之一的除外:

(一)法律上或者事实上不能履行;

(二)债务的标的不适于强制履行或者履行费用过高;

(三)债权人在合理期限内未请求履行。

有前款规定的除外情形之一,致使不能实现合同目的的,人民法院或者仲裁机构可以根据当事人的请求终止合同权利义务关系,但是不影响违约责任的承担。

【特别提醒】

当出现合同无法履行的情况时,守约方要注意降低资金投入、及时止损,不能一味寄希望于违约方继续履行合同。当违约方请求解除合同时,守约方可以要求违约方承担违约责任。

27. 约定的违约金过高,可以调整吗?

【情景模拟】

2016 年 12 月 31 日,李某与王某签订一份土地租赁合同,由李某租赁王某的土地,期限为 10 年,约定每年租金 1 万元,在每年的 1 月 31 日之前缴纳,并约定如李某不按时足额缴纳租金,违约金按照每超一天罚当年租金 20% 计算。合同签订后,李某按约交清了前两年的租金。第三年租金直到 2019 年 6 月 30 日才缴纳。后来,王某提起诉讼,要求李某按照每日 2000 元的标准支付违约金。诉讼中,李某认可租金迟延支付,但认为王某要求支付高额的违约金没有事实和法律依据,请求法院依法进行调整。本案中,王某所主张的违约金能够得到支持吗?

【权威观点】

王某和李某在合同中约定的超一天罚当年租金 20% 的条款,远远超过了王某的实际损失,应当予以适当调整,否则对于李某惩罚过重,也将导致王某获得超出其实际损失的高额赔偿。

【法官解读】

（一）约定违约金过高的，可以请求调整。

一般情况下，当事人可以在合同中约定违约金的数额或者计算方法。发生违约行为时，守约方可以依据约定向违约方主张违约责任。但在当事人约定的违约金过分高于违约方违约行为给守约方造成的损失时，如仍机械按照约定来确定违约方的违约责任，有可能导致双方之间利益失衡。尤其是在当事人订约能力不足，或者一方当事人订约时处于弱势地位的情形下，这种情况更有可能发生。为了避免违约方承担不合理的过重的违约责任，《中华人民共和国民法典》第五百八十五条规定，约定的违约金过分高于造成的损失的，人民法院或者仲裁机构可以根据当事人的请求予以适当减少。

（二）违约金约定过高的认定。

《最高人民法院关于适用＜中华人民共和国合同法＞若干问题的解释（二）》第二十九条规定："当事人主张约定的违约金过高请求予以适当减少的，人民法院应当以实际损失为基础，兼顾合同的履行情况、当事人的过错程度以及预期利益等综合因素，根据公平原则和诚实信用原则予以衡量，并作出裁决。当事人约定的违约金超过造成损失的百分之三十的，一般可以认定为合同法第一百一十四第二款规定的'过分高于造成的损失'。"情景模拟中，李某没有在合同约定的时间内及时缴纳租金，构成迟延履行合同义务，应当承担违约责任。一般情况下，应认为在李某未及时缴纳租金时，王某的实际损失是相关租金被占用期间的利息损失。为体现对李某违约行为的惩罚，可在利息损失的基础上适当提高一些。但因李某一年需要缴纳的租金为1万元，如果按照合同约定的每日2000元的标准支付违约金，王某所获得的违约金将远远高于其实际损失；对李某而言，也明显不公平。因此,对于王某主张的每日 2000 元的违约金,不应予以支持。

(三)违约金是否约定过高由谁来举证证明。

当违约方请求减少过高的违约金时,一般应按照"谁主张、谁举证"的原则,由违约方承担证明违约金过高的举证责任。但是,考虑到衡量违约金是否过高的基本标准是守约方的实际损失,守约方往往更了解违约给其造成损失的事实和相关证据,从而具有较强的举证能力。因此,违约方的举证责任也不能绝对化,在证据明显由守约方掌握时,守约方也应提供相应的证据。因此,在遇到违约金可能会被调整时,双方均应积极提供证据证明自己主张的事实,才可以最大限度保护自己的合法权利。

【法条链接】

《中华人民共和国民法典》

第五百八十五条　当事人可以约定一方违约时应当根据违约情况向对方支付一定数额的违约金,也可以约定因违约产生的损失赔偿额的计算方法。

约定的违约金低于造成的损失的,人民法院或者仲裁机构可以根据当事人的请求予以增加;约定的违约金过分高于造成的损失的,人民法院或者仲裁机构可以根据当事人的请求予以适当减少。

当事人就迟延履行约定违约金的,违约方支付违约金后,还应当履行债务。

【特别提醒】

当事人在签订合同时,应实事求是地约定违约金数额或者计算方法,避免因违约金约定过高而产生纠纷。

28. 既约定违约金,又约定定金的,可以同时主张吗?

【情景模拟】

2019 年 9 月 1 日,李某在某地产公司购买商品房一套,双方签订了书面的商品房买卖合同,约定房屋价格为 50 万元,2019 年 12 月 31 日前李某付清购房款,2020 年 5 月 1 日前地产公司向李某交房,如一方违约则应按房价的 20% 支付对方违约金。合同中还约定了定金,李某在签订合同时交付定金 2 万元。后李某按期支付了购房款,但地产公司没有按期交房。李某找地产公司要求交房时,发现房屋已被地产公司以 55 万元的价格卖给别人,并已经办理了房产证。李某于是起诉到法院,要求地产公司双倍返还定金 4 万元,并支付违约金 10 万元。李某的诉讼请求能够得到支持吗?

【权威观点】

当事人在合同中同时约定违约金条款和定金条款的,一方违约时,守约方可以选择要求违约方承担违约金责任或者双倍返还定金责任,但只能选择其中一项主张,而不能同时主张。

【法官解读】

（一）定金条款和违约金条款。

为了担保合同的履行，当事人可以约定由一方向对方预先支付一定数额的金钱作为定金。定金的数额由当事人自己约定，但不可以超过主合同标的额的20%。如购买一台价值10万元的小汽车，则定金不得超过2万元。给付定金的一方不履行债务或者履行债务不符合约定，导致不能实现合同目的的，无权请求返还定金；收受定金的一方不履行债务或者履行债务不符合约定，导致不能实现合同目的的，应当双倍返还定金。如买车人支付了2万元定金，在卖车人违约导致其不能得到购买的车辆时，买车人可要求卖车人双倍返还定金4万元。在合同中，当事人可以约定一方违约时应当根据违约情况向对方支付一定数额的违约金，也可以约定因违约产生的损失赔偿额的计算方法。如购买一台价值10万元的小汽车，双方可以在合同中约定，如卖车人逾期交付小汽车，应向买车人支付违约金1万元，或者每逾期一天赔偿买车人100元。

（二）守约方可以选择适用违约金或者定金条款。

在合同当事人既约定了违约金，又约定了定金的情况下，如果一方违约，守约方可以选择适用违约金或者定金条款。守约方可以根据实际情况，选择适用对自身更为有利的条款。但为了避免守约方获得过高的赔偿，从而导致对违约方产生过重的惩罚，造成违约方和守约方之间的利益失衡，守约方不能主张同时适用违约金条款和定金条款。情景模拟中，李某与地产公司既约定了违约金条款，又约定了定金条款。当地产公司违约时，李某可以选择要求地产公司支付违约金10万元，也可以选择要求地产公司双倍返还定金4万元，但只能选择其中一项主张，而不能同时主张。结合实际情况，李某可以选择对其更为有利的违约金条款进行主张。

（三）定金不足以弥补违约损失的，守约方可以请求赔偿差额。

因为定金数额受到了主合同标的额 20% 的限制，在实践中，有可能出现违约方给守约方造成的实际损失大于定金数额的情形。此时，若仅允许守约方主张定金条款，将会导致守约方的损失不能得到完全补偿。因此，在守约方可以举证证明其因违约方违约所产生的实际损失大于定金数额时，应允许守约方对超过定金部分的损失请求违约方予以赔偿。情景模拟中，如果双方只约定了 2 万元定金，但房屋价格上涨的幅度超过 2 万元时，应允许李某要求地产公司承担超过定金数额的房价上涨损失。

【法条链接】

《中华人民共和国民法典》

第五百八十八条　当事人既约定违约金，又约定定金的，一方违约时，对方可以选择适用违约金或者定金条款。

定金不足以弥补一方违约造成的损失的，对方可以请求赔偿超过定金数额的损失。

【特别提醒】

在同时约定了违约金和定金条款的情况下，一方违约时，守约方只能选择其中一项主张，但可以自主选择对自己更为有利的条款予以主张。

29. 洪水导致无法履行合同,需要承担违约责任吗?

【情景模拟】

李某是养鱼专业户,承包了水塘100亩用于养殖草鱼。2020年1月1日,李某与某大型超市签订订购合同,约定自2020年9月1日起至2020年12月31日,李某每天向该超市供应其养殖的草鱼1000斤。合同签订后,该超市向李某支付定金10万元。2020年7月,因遭遇百年不遇的洪水,李某的鱼塘被洪水淹没,所养殖的草鱼几乎全部游走。洪水发生时,李某拍摄了鱼塘被淹的视频发送给了该超市。洪水退后,李某发现鱼塘里草鱼所剩无几,且品质也受到影响,遂向超市提出解除订购合同,退还超市定金10万元。该超市提出,因李某不能履行合同,应双倍返还定金20万元。该超市的主张能够得到支持吗?

【权威观点】

洪水属于不可抗力,是否发生洪水,一般人不能预见、不能避免且不能克服。李某因为洪水的原因,导致不能履行与超市签订的草鱼订购合同,自身不存在过错,可全部免除其违约责任。

【法官解读】

(一)什么是不可抗力。

《中华人民共和国民法典》第一百八十条第二款规定:"不可抗力是不能预见、不能避免且不能克服的客观情况。"不能预见,是指当事人主观上对于某一客观情况的发生无法预测。不能避免并不能克服,表明某一事件的发生具有客观必然性。不能避免,是指当事人尽了最大的努力,仍然不能避免事件的发生。不能克服,是指当事人在事件发生后,尽了最大的努力,仍然不能克服事件造成的损害后果。客观情况,是指独立于当事人行为之外的客观原因所导致的情况。一般说来,发生以下情况导致合同不能履行的,可认定为属于不可抗力:1. 自然灾害。包括地震、水灾等因自然界的力量引发的灾害。2. 战争。3. 社会异常事件。比如罢工、骚乱等。4. 政府行为。如合同订立后,政府政策或者法律的变化等。

(二)因不可抗力不能履行合同,可以部分或者全部免除违约责任。

因不可抗力不能履行合同的,应当根据不可抗力的影响,部分或者全部免除违约方的违约责任。如果不可抗力是违约的唯一原因,应全部免除违约方的违约责任;如果除了不可抗力之外,还有其他原因共同导致违约方不能履行合同,则应部分免除违约方的违约责任。情景模拟中,洪水对于李某不能履行合同的影响范围是全面的,是导致李某不能履行合同的唯一原因,此时,李某的违约责任应当全部予以免除。因为超市要求李某双倍返还定金20万元的主张,属于要求李某承担违约责任,所以超市的该项主张不能得到支持。但由于不能履行合同,李某收取的定金10万元,则应当退还给超市。在另外的情况下,如果该洪水导致了开发商建设商品房进度受到影响,但洪水的影响消除后,开发商因资金暂时短缺原因,造成了停工,最终导致房屋交付时间大大延迟,此时,买房人可以向开发商主张延期交房的违约责任,对于因洪水原因导致的延期交房的责任,应当予以免除,但对其他期间延期交房的责任,开发商仍应当承担违约责任。

（三）不能履行一方负有及时通知义务。

当事人一方因不可抗力不能履行合同的,应当及时通知对方当事人。及时通知对方当事人,可以让对方当事人及时了解合同不能履行的情况,并根据具体情况采取相应的措施,尽量避免造成损失,或者尽量减少损失。同时,也可以让对方当事人了解合同不能履行的原因不在于当事人的过错,而是由于不可抗力的发生引起的。至于通知的具体形式,应当以"及时"为原则,哪种方式快,就用哪种方式。情景模拟中,李某在洪水发生时就将鱼塘被淹的视频发送给了超市,及时履行了他的通知义务。

【法条链接】

《中华人民共和国民法典》

第五百九十条　当事人一方因不可抗力不能履行合同的,根据不可抗力的影响,部分或者全部免除责任,但是法律另有规定的除外。因不可抗力不能履行合同的,应当及时通知对方,以减轻可能给对方造成的损失,并应当在合理期限内提供证明。

当事人迟延履行后发生不可抗力的,不免除其违约责任。

【特别提醒】

因不可抗力不能履行合同的,可以部分或者全部免除违约方的违约责任。违约方同时负有及时通知对方的义务,以减轻可能给对方造成的损失。

第二篇

典型合同

★ 买卖合同

30. 房屋还没有办理产权证就进行转卖，导致不能过户，买房人该怎么办？

【情景模拟】

张某在某开发商处购买了一套房屋，约定 2018 年 5 月 1 日前办理房产证。后张某因急需用钱，经朋友介绍，在 2017 年 9 月 1 日与李某签订了房屋买卖合同，将所购买的房屋转卖给李某。合同约定房屋价款 110 万元，定金 5 万元，还约定了在 2018 年 6 月 1 日前办理房产证等事项。合同签订后，李某支付了定金 5 万元。因开发商原因，张某迟迟没有取得房产证，也无法将房屋过户给李某。超过约定的办理房产证的时间后，李某多次催促张某办理房产证。张某以房屋不能办证是开发商的原因、双方在签订合同时自己也没有取得房产证为由，主张与李某之间签订的房屋买卖合同无效，并提出退还李某定金 5 万元。李某不同意，要求解除与张某的房屋买卖合同，并要求张某双倍返还定金 10 万元。李某的请求能够得到支持吗？

【权威观点】

张某与李某签订房屋买卖合同时，是否已经取得房屋的产权证，对买卖合同的效力没有影响，影响的是合同能否实际履行的问题。张某不能履行合同时，应向李某承担违约责任。

🎧 【法官解读】

（一）卖房人可以转卖还没有办理房产证的房屋。

在买卖合同中，一般情况下，出卖人都是出卖物的所有权人。但在现实生活中，因各方面的原因，在签订买卖合同时，出卖人还不是出卖物的所有权人的情况也不少见。比如在情景模拟中，出卖人转卖房屋时，还没有取得房产证，还不是房屋的所有权人。又比如在实践中，可能存在先后系列买卖合同，出卖人在与上家协商购买某物品的同时，为了尽快转手获利，同时与下家协商买卖该物品，并签订买卖合同。但后来因上家违约，导致出卖人无法获得该物品，也无法履行与下家签订的买卖合同。对于此种情况下，买卖合同是否有效，一段时间以来，司法实践中是存在争议的。为了解决该问题，最高人民法院在2012年3月制定了《关于审理买卖合同纠纷案件适用法律问题的解释》，其中第三条第一款规定："当事人一方以出卖人在缔约时对标的物没有所有权或者处分权为由主张合同无效的，人民法院不予支持。"根据该条款规定，在签订买卖合同时，出卖人对于标的物是否享有所有权，并不影响买卖合同的效力。只要不存在其他导致买卖合同无效的情形，该买卖合同就应当认定为有效。《中华人民共和国民法典》第五百九十七条第一款规定"因出卖人未取得处分权致使标的物所有权不能转移的，买受人可以解除合同并请求出卖人承担违约责任"，因解除合同和承担违约责任均需以合同有效为前提，所以《中华人民共和国民法典》实际上认可了上述司法解释的规定内容。情景模拟中，张某出售房屋时，房屋还没有办理房产证。在法律上，房屋仍属于开发商所有，张某对于该房屋还不享有所有权。但该种情形，并不影响张某与李某签订的房屋买卖合同的效力，该合同仍然是有效合同。

（二）卖房人不能履行转卖合同时应当承担违约责任。

在认定转卖合同属于有效合同的情况下,卖房人负有积极履行合同约定,促成合同得到实际履行的义务。在合同约定的履行期限届满后,如果因为卖房人仍然没有取得房屋的所有权,导致不能将房屋过户给买房人时,买房人依法享有解除合同的权利。同时,为了惩罚卖房人的违约行为,弥补买房人的损失,买房人还可以请求卖房人承担违约责任。情景模拟中,因张某未取得该房屋的房产证,导致不能履行与李某签订的房屋买卖合同,此时,李某可以解除与张某的房屋买卖合同,并要求张某承担双倍返还定金 10 万元的违约责任。

📎 【法条链接】

《中华人民共和国民法典》

第五百九十七条　因出卖人未取得处分权致使标的物所有权不能转移的,买受人可以解除合同并请求出卖人承担违约责任。

📽 【特别提醒】

在对还没有取得所有权的物品签订买卖合同时,出卖人一定要充分评估合同是否能够顺利得以履行的风险,避免因合同不能得到履行而承担违约责任,造成自身损失。

31. 未按时支付分期付款款项的,该如何处理?

【情景模拟】

　　2019 年 1 月 1 日,李某与王某签订了一份二手车买卖合同,合同约定:李某将其一辆汽车卖给王某,汽车价款为 30 万元,分 12 期付款,每月 1 日付款2.5 万元。合同签订当日,王某支付了第 1 期款2.5 万元,2 月 1 日支付了 2.5 万元,后来未再支付任何款项。李某多次向王某催讨车款,王某均以经济困难为由请求宽限支付时间。2019 年 7 月 2 日,李某起诉到法院,要求解除双方之间的车辆买卖合同,并要求王某按照租赁汽车的标准支付 6 个月的汽车使用费 3 万元。李某的请求能够得到支持吗?

【权威观点】

　　李某与王某签订的车辆买卖合同为分期付款买卖合同,王某未按期支付的款项已经超过了全部价款的五分之一。李某在多次催讨无果后,有权要求解除买卖合同,并向王某请求支付汽车的使用费。

【法官解读】

　　(一)什么是分期付款买卖。

　　分期付款买卖是买受人可以将所购买物品的总价款,在一定期间内分次向出卖人支付的买卖形式。分期付款买卖中,双方可以根据实际情况来具体约定付款的期限和次数。在所买卖的物品价格较高,买受人一次性支付存在困难的情况下,分期付款买卖合同具有独特的优势。当前经济生活中,在房屋、汽车、手机、大宗货物买卖等交易中,分期付款买卖合同十分常见。

(二)买受人未按时支付分期付款款项的处理。

在买受人未按时支付分期付款款项没有达到全部价款的五分之一时,出卖人可以要求买受人承担逾期支付的违约责任,要求买受人支付逾期支付的款项及利息。在情景模拟中,如果王某只是未按期支付其中1个月或者2个月的分期价款,则李某可以要求王某支付相关价款及利息。

在买受人未按时支付分期付款款项达到全部价款的五分之一时,则可以按照下列顺序处理:(1)出卖人可以向买受人进行催告,即以通知的方式催促买受人支付到期价款,给予买受人获得挽救合同利益的机会。(2)经出卖人催告,买受人应当在合理期限内支付到期价款。这个期限的长短,可以根据合同约定的每期付款的相隔时间、买受人补充履行的难易程度和所需要的时间来具体确定。(3)买受人经催告后在合理期限内未支付到期价款的,出卖人可以选择行使以下权利:一是可以请求买受人支付到期以及未到期的全部价款。二是可以请求解除合同,并请求买受人支付相应的使用费。情景模拟中,王某未按期支付款项已经达到10万元,占全部价款的33.3%。李某在多次催讨无果后,有权要求解除买卖合同,并向王某请求支付汽车的使用费。由于王某已经支付了李某5万元,李某可在留下汽车使用费后,将超过部分2万元返还给王某。

(三)分期付款有关约定的限制。

分期付款买卖中,为了平衡出卖人和买受人之间的利益,避免出卖人因买受人未及时支付分期付款款项而随意解除合同,法律规定只有在分期付款的买受人未支付到期价款的金额达到全部价款的五分之一时,出卖人才可以要求买受人支付全部价款,或者解除合同并要求买受人支付使用费。这种法定的限制,出卖人不可以通过合同约定的方式予以排除。如果出卖人在合同中约定买受人未按期支付的费用低于全部价款的五分之一时,出卖人也可以要求买受人支付全部价款或者解除合同,该约定应当认定为无效。当然,因为法律的这种限制,更多是倾向于保护买受人,而对出卖人的权利作出限制,如果出卖人自愿在合同中约定高于五分之一的标准,则应当认可相关约定的效力。如出卖人与买受人约定,在买受人未支付的到期金额达到全部价款的三分之一时,出卖人可以要求支付全部价款或者解除合同,那么就应该以三分之一作为标准,来判断出卖人是否享有要求买受人支付全部价款或者解除合同的权利。

【法条链接】

《中华人民共和国民法典》

第六百三十四条 分期付款的买受人未支付到期价款的数额达到全部价款的五分之一,经催告后在合理期限内仍未支付到期价款的,出卖人可以请求买受人支付全部价款或者解除合同。

出卖人解除合同的,可以向买受人请求支付该标的物的使用费。

【特别提醒】

按期付款很重要,迟延付款不可取。分期付款买受人一定要按照分期付款的约定及时支付价款。

32. 买方拒收质量不达标货物后，货物变质的损失由谁承担？

【情景模拟】

李某为苹果种植大户。某食品外贸公司主要对外销售精品水果。2019 年 9 月 1 日，食品外贸公司与李某签订苹果买卖合同，约定向李某预购苹果 100 吨，并明确所购买的苹果是用于外贸出口，要求单个苹果重量在 300 克以上，否则将作退货处理，并约定李某将苹果送达食品外贸公司仓库交货。后李某交付苹果 100 吨。食品外贸公司立即对苹果进行了筛选检查，发现其中 50 吨苹果不符合合同约定的重量要求，便立即发函告知李某，拒绝接受该 50 吨苹果，并要求李某将苹果取回。因李某迟迟不将苹果取回，造成部分苹果变质。后李某以苹果已经交付给食品外贸公司为由，起诉要求食品外贸公司赔偿苹果变质的损失。李某的请求能够得到支持吗？

【权威观点】

对于不符合合同约定要求的 50 吨苹果，食品外贸公司有权拒绝接受，李某应及时取回。因李某未及时取回导致苹果变质的损失，应由李某自己承担。

【法官解读】

（一）出卖人负有交付质量合格货物的义务。

　　买卖合同中,买受人支付货款的目的,是为了取得符合质量要求的货物。出卖人具有保证所出卖货物质量的义务,即出卖人应当保证交付给买受人的货物符合法律规定或者合同约定的品质、价值和效用。对于货物是否存在质量问题,可以按照以下两个标准进行判断:1. 当事人在合同中有约定的,按照约定进行认定。2. 当事人没有约定或者约定不明确的,通过以下方式确定:(1)当事人之间通过达成补充协议确定。(2)不能达成补充协议的,按照合同相关条款或者交易习惯确定。(3)仍然不能确定的,按照强制性国家标准履行;没有强制性国家标准的,按照推荐性国家标准履行;没有推荐性国家标准的,按照行业标准履行;没有国家标准、行业标准的,按照通常标准或者符合合同目的的特定标准履行。在出卖人交付货物存在质量问题导致买受人订立合同的目的不能实现时,买受人主要享有两个方面的权利:1. 买受人可以拒绝接受存在质量问题的货物,并要求出卖人更换质量合格的货物。2. 买受人可以解除买卖合同,并要求出卖人承担相应的违约责任。情景模拟中,食品外贸公司已明确告知李某所购买的苹果是用于外贸出口,明确要求单个苹果重量在300克以上。但李某交付的苹果中,有50吨达不到要求,不符合双方的约定。

　　(二)交付的货物不符合质量要求的,货物毁损、灭失的风险由出卖人承担。

　　根据法律规定,在交付的货物不符合质量要求,不能实现合同目,买受人拒绝接收货物或者解除合同时,货物毁损、灭失的风险,由出卖人承担,而不论该货物实际是否由买受人占有。出卖人不能以货物实际由买受人占有为由,而要求买受人承担相应的风险。当然,买受人不能故意造成货物的损失,否则应承担相应的责任。情景模拟中,李某不能以苹果已经交付给食品外贸公司,由食品外贸公司占有为由,而要求食品外贸公司承担因苹果变质而导致的损失。在食品外贸公司拒绝接受时,李某应及时取回。因李某未及时取回导致苹果变质的损失,应由李某自己承担。

【法条链接】

《中华人民共和国民法典》

第六百一十条 因标的物不符合质量要求,致使不能实现合同目的的,买受人可以拒绝接受标的物或者解除合同。买受人拒绝接受标的物或者解除合同的,标的物毁损、灭失的风险由出卖人承担。

【特别提醒】

出卖人交付质量不合格的货物而导致合同目的不能实现时,应根据买受人的要求,及时将不符合质量要求的货物取回,以免承担因货物毁损、灭失等造成的损失。

33. 买车人不按期付款的,卖车人有权取回车辆吗?

【情景模拟】

2019年3月15日,某机电公司与王某签订工程机械买卖合同书一份,王某以68万元的总价向机电公司购买一台挖掘机。约定:1. 王某在2019年3月31日前支付首付款18万元给机电公司,剩余款项50万元分10期支付,从2019年4月30日至2020年1月30日,每月

30 日前支付 5 万元。2. 王某付清全部购车款之前,挖掘机的所有权归机电公司所有。3. 王某逾期付款超过 15 万元,机电公司有权主张所有未到期欠款提前到期,并要求王某支付全部到期和未到期欠款。王某不能支付时,机电公司可以将挖掘机拖回,王某因此遭受的损失由其自行承担。后王某在支付首付款 18 万元和第一期分期款项 5 万元后,未再支付任何款项。经机电公司多次催告付款,王某仍未支付。机电公司经调查得知王某使用该挖掘机在某工地施工,于是安排人员在 2019 年 10 月 10 日找到王某,与王某协商拖回挖掘机事宜。机电公司有权取回挖掘机吗?

【权威观点】

根据买卖合同约定,在王某付清全部购车款之前,挖掘机的所有权仍属于机电公司。在王某未按照约定支付购车款,经机电公司催告后仍迟迟未支付的情况下,机电公司有权取回挖掘机。

【法官解读】

(一)所有权保留是一种特殊的买卖合同。

所有权保留的买卖合同,在实践中并不少见。这类买卖合同,往往与分期付款买卖关联在一起。所有权保留买卖对出卖人和买受人双方均有一定的好处。对于出卖人而言,所有权保留是出卖人为保护自己的价款债权而设置的担保,在买受人不履行付款义务时,出卖人可以取回所出卖的物品,以保障出卖物品价款兑现。对于买受人而言,则可以在不需要一次性付清所购买物品全部价款的情况下,先获得对所购买物品的占有、使用和收益的权利。情景模拟中,根据合同约定,在王某付清全部购车款之前,挖掘机的所有权归卖车人机电公司所有,该合同属于所有权保留的买卖合同。

(二)保留所有权的出卖人在一定情形下可以取回所出卖物品。

根据法律规定,在所有权保留买卖中,出卖人对于所出卖物品的取回权是法定的。当买受人出现下列情形之一,造成出卖人损害的,出卖人有权取回所出卖物品:1.买受人没有按照约定支付价款,经催告后在合理期限内仍未支付。一般情况下,出卖人在买受人没有支付价款达到什么程度可以取回所出卖物品,应当在合同中作出明确约定,以合同的约定为准。2.未按照约定完成特定条件。如汽车买卖的当事人约定买受人应当在购买车辆一个月内更换刹车系统并购买车辆交强险及商业险,否则出卖人有权取回汽车。这个约定涉及作为保留所有权的出卖人的权益,不完成该特定条件,可能使出卖人承担不利后果。所以,如果在车辆交付买受人后两个月时出卖人仍然没有完成上述事宜,那么出卖人便依法享有取回汽车的权利。3.将所购买物品出卖、出质或者作其他不当处分。买受人的这些行为严重侵害了出卖人的所有权,因此,出卖人有权行使取回权。情景模拟中,王某逾期付款已经达到25万元,且经机电公司多次催告付款后仍未支付,符合了双方合同约定和法律规定的机电公司可以行使挖掘机取回权的情形。王某应配合机电公司取回挖掘机。

【法条链接】

《中华人民共和国民法典》

第六百四十二条　当事人约定出卖人保留合同标的物的所有权,在标的物所有权转移前,买受人有下列情形之一,造成出卖人损害的,除当事人另有约定外,出卖人有权取回标的物:

（一）未按照约定支付价款,经催告后在合理期限内仍未支付;

（二）未按照约定完成特定条件;

（三）将标的物出卖、出质或者做出其他不当处分。

出卖人可以与买受人协商取回标的物;协商不成的,可以参照适用担保物权的实现程序。

【特别提醒】

在所有权保留买卖合同中,买受人要及时履行合同义务,不得实施侵害出卖人所有权的行为,以避免出卖人行使取回权造成自身利益受到损害。

★ 供用水、电、气、热力合同

34. 供电公司有权拒绝供电吗?

【情景模拟】

2019 年 7 月 1 日,某水泥厂与供电公司签订了用电合同。2019年 12 月 25 日上午,供电公司工作人员在例行抄表时,发现专供某水泥厂用电专线的电能表计量箱被部分破坏,工作人员向供电公司汇报,公司立即派人到现场,并向公安局报案。供电公司认为某水泥厂有窃电嫌疑,决定于当天中午 11 时左右对某水泥厂进行停电。后来,公安机关对窃电行为进行立案侦查,对窃电现场进行了勘验,并对有关证据进行了固定。公安机关侦查过程中,某水泥厂于 2020 年 3 月

8 日向供电公司提出恢复供电申请。供电公司以配合公安机关侦查为由拒绝恢复供电,直至 2020 年 7 月 1 日才对某水泥厂恢复供电。公安机关于 2020 年 9 月 1 日出具侦查报告,称未发现某水泥厂有窃电行为的充分证据,并于 9 月 20 日做出撤销案件决定书。后某水泥厂起诉要求供电公司赔偿停电期间的经济损失。某水泥厂的请求能够得到支持吗?

【权威观点】

用电人与供电公司签订用电合同后,供电公司应当持续地对用电人进行供电。供电公司无法律和事实依据拒绝向用电人供电,造成用电人损失的,应当承担赔偿责任。

【法官解读】

(一)对于供电公司而言,签订供用电合同具有强制性。

现实生活中,供电公司数量较少,而用电人则群体广泛。当今社会,用电已经成为日常生产和生活的重要组成部分。如果合理的用电需求不能得到及时满足,广大用电人的生产、生活必将受到严重影响。基于这个原因,对于供电公司签订供用电合同,法律作出了适当的限制。《中华人民共和国电力法》第二十六条第一款规定:"供电营业区内的供电营业机构,对本营业区内的用户有按照国家规定供电的义务;不得违反国家规定对其营业区内申请用电的单位和个人拒绝供电。"根据该条款规定,只要用电单位和个人依法提出申请,供电公司就必须与用电单位和个人签订供用电合同,而不得拒绝。

(二)供电公司应向用电人持续供电,否则应赔偿用电人损失。

《电力供应与使用条例》第三十四条规定:"供电企业应当按照合同约定的数量、质量、时间、方式,合理调度和安全供电。"《供电营业规则》第六十六条规定:"在发供电系统正常情况下,供电企业应连续向用户供应电力。"签订供用电合同之后,用电人可以随时提出用电需求,供电人应当保证根据用电人的需求连续不断地供电。因符合法律规定的原因停电或者限电的,在相关原因消除后,供电公司应在三日内恢复供电。否则,对于因停电或者限电造成用电人损失的,应当承担赔偿责任。情景模拟中,当供电公司发现电表被破坏,向公安机关报案,并对某水泥厂停止供电,是符合法律规定的。但在公安机关已经固定相关证据,恢复供电并不会影响公安机关对某水泥厂涉嫌窃电案进行调查时,应认定引起停电的原因已经消除,供电公司应及时恢复供电。对于未及时恢复供电造成某水泥厂的损失,应承担赔偿责任。

(三)特殊情况下,供电公司可以拒绝向用电人供电。

一般情况下,供电公司应持续向用电人供电。但具有下列情形的,供电公司可以拒绝向用电人供电:1.用电人危害供电、用电安全和扰乱供电、用电秩序,情节严重或者拒绝改正的;2.用电人确有窃电行为的;3.用电人逾期不支付电费,自逾期之日起计算超过30日,经催交仍未交付电费的。

【法条链接】

《中华人民共和国民法典》

第六百四十八条　供用电合同是供电人向用电人供电,用电人支付电费的合同。

向社会公众供电的供电人,不得拒绝用电人合理的订立合同要求。

供电公司负有与用电人依法订立供用电合同的义务,用电人负有安全用电和及时支付电费义务。对于供电公司无法定理由停电或限电而造成用电人损失的,供电公司应予赔偿。

★ 赠与合同

35. 赠与合同可以撤销吗?

【情景模拟】

袁某育有一子一女,儿子袁宝在县城打工为生,女儿袁园嫁在本村,平时对老父亲生活多有照料。2015 年 2 月,因政府土地征收,在县城给袁某补偿一套安置房,考虑到儿子在县城打工尚居无定所,女儿袁园是嫁出去的女、泼出去的水,袁某将该套房赠与儿子袁宝使用,签订赠与协议并公证,约定袁某将房屋赠与袁宝,待袁某年迈后,随儿子居住,由袁宝承担赡养义务。2015 年 11 月,该套房屋由袁宝办理产权登记至自己名下。世事难料,三年后,袁某疾病缠身,生活需要人照顾,本想随儿子到县城生活,谁料袁宝生活富足却以自己生活困难、无力照顾老人为由,将老父亲拒之门外。为此袁某心寒不已,反观女儿袁园,多年来一直对父亲体贴入微、关怀备至,因此,袁某希望撤销赠与、将县城房屋改赠女儿。那么,赠与合同可以撤销吗?

🔊 【权威观点】

　　袁某签订的赠与协议属于附义务赠与,袁宝的行为明显违反了约定义务,且袁宝并非没有扶养能力,却不履行对袁某的扶养义务,虽然赠与协议经过公证且房屋已办理产权过户登记,袁某仍然可以行使法定撤销权,撤销赠与合同,收回房屋。

🎧 【法官解读】

　　赠与人的撤销权包括任意撤销权和法定撤销权。

　　(一)任意撤销权。

　　赠与合同具有无偿性,法律规定赠与人具有任意撤销权,避免赠与人因一时冲动而造成财产上的损失。任意撤销权由赠与人行使,根据赠与人单方撤销的意思表示就可以使已经成立的赠与合同恢复到赠与合同订立前的状态,不需要征得受赠人同意。但是,赠与人的任意撤销权在时间上有严格的限制,只限于赠与合同履行完毕之前,即赠与的财产权利没有转移之前。在我国,不动产只有在依法办理了登记等手续后,才发生财产权利的转移。财产权利转移之后,赠与不可以随意撤销,否则有违诚信原则。同时,法律规定两种特殊的赠与不能任意撤销:一是经过公证的赠与合同,二是具有救灾、扶贫、助残等公益、道德义务性质的赠与合同。

　　(二)法定撤销权。

　　赠与是一种单务、无偿行为,如赠与合同签订后受赠人忘恩负义,不履行约定或法定义务,基于公平和诚信原则,法律赋予赠与人法定撤销权。根据《中华人民共和国民法典》第六百六十三条的规定,符合以下三种情形之一的,赠与人可以撤销赠与:1. 受赠人严重侵害赠与人或者赠与人近亲属的合法权益。首先,侵害需达到严重侵害的程度,而不是一般的、轻微的侵害行为。其次,侵害的对象是赠与人本人或其近亲属,包括配偶、直系亲属(父母、子女、祖父母、外祖父母、孙子女、外孙子女等)、兄弟姐妹。如果侵害的是其他亲友则不在此列。2. 对赠与人有扶养义务而不履行。赠与行为通常发生在关系极为亲密的自然人之间。但是现实中往往出现财产赠与之后受赠人反目,或者受赠人用欺骗、诱导等手段取得获赠财产,而不履行其对赠与人法定扶养义务的情况。若受赠人有扶养能力而不履行扶养义务,赠与人可以撤销对受赠人的赠与合同。3. 不履行赠与合同约定的义务。赠与可以附义务,即当事人在签订赠与合同时,可以设置一定的条件,把条件的成就与否作为赠与财产权利转移或赠与行为效力发生或消灭的前提。只要该义务不违反公序良俗或者法律、行政法规的强制性规定,即使赠与人已经将赠与财产权利转移给受赠人,受赠人违反约定义务,赠与人也可以行使法定撤销权,收回财产。

　　本案中,袁宝有扶养能力。赡养父母是子女的法定义务,袁宝对父亲袁某有法定的扶养义务,况且,袁某与袁宝签订的赠与协议还明确约定袁某的赡养义务由袁宝承担,而袁宝却将老父亲拒之门外,拒不履行扶养义务,既违反了法定义务,又违反约定义务,符合法定的撤销赠与合同的情形。因此,袁某可以撤销赠与合同。

【法条链接】

《中华人民共和国民法典》

第六百六十三条　受赠人有下列情形之一的,赠与人可以撤销赠与:

（一）严重侵害赠与人或者赠与人近亲属的合法权益；

（二）对赠与人有扶养义务而不履行；

（三）不履行赠与合同约定的义务。

赠与人的撤销权，自知道或者应当知道撤销事由之日起一年内行使。

【特别提醒】

子女对父母负有法定的赡养义务，子女不履行对父母的赡养义务，父母可以依法撤销对子女的赠与。

36. 赠与的财产造成受赠人损失，赠与人应否赔偿？

【情景模拟】

李某与乐某系远房亲戚，但两家感情不错，来往甚密，李某经商，家境较好，而乐某家境贫寒，李某经常将家中旧物赠与乐某使用。2019 年 7 月，李某做生意又赚了一大笔钱，于是将开了 10 年的小轿车换成了新款宝马，而后将旧车赠与乐某，并告知虽已使用十年，但车况很好，一点事没出过，还可以再开十年。乐某高高兴兴地将旧车开回家。不料，半个月后，乐某开车外出时，突然刹车失灵，撞到路边电线杆，乐某头破血流，因医治而支付医疗费 5000 元。将车开到修理厂检查时，修理人员告诉乐某，这台车原来就进过修理厂，刹车件早就该换了，修理费需要 5000 元。乐某气愤不已，找到李某，要求李某赔付自己的医疗费及车子的修理费，李某认为自己本是一片好心将车赠与乐某使用,自然不同意,双方为此发生争执,闹上法庭。赠与的财产造成受赠人损失,赠与人应否赔偿?

【权威观点】

李某在赠与汽车时,对汽车存在的严重瑕疵负有告知受赠人的义务。李某信誓旦旦告知乐某该车使用状况良好,保证其赠与的汽车无瑕疵,对车祸的发生负有过错责任,故李某应当对乐某遭受的人身和财产损失承担赔偿责任。

【法官解读】

赠与合同中受赠人是无偿获益,一般情况下,赠与人对赠与财产不承担瑕疵担保责任,但是也有两种例外:一是在附义务的赠与中,由于受赠人在接受赠与财产之外还履行了合同所附义务,并非完全无偿接受赠与,类似买卖合同中买受人的地位,故赠与财产有瑕疵的,必然导致受赠人所受利益有所减损,这便与合同约定的权利义务不相对应。为平衡赠与人与受赠人的利益,应由赠与人承担瑕疵担保责任。但这种瑕疵担保责任应当是有限制的,即赠与人应在受赠人所附义务限度内,承担与买卖合同中的出卖人相同的瑕疵担保责任。二是赠与人故意不告知瑕疵或者保证无瑕疵,造成受赠人其他财产损失或人身伤害的,应当承担损害赔偿责任。对于赠与人故意不告知瑕疵,因其具备主观上的恶意,在此情形下,赠与人应负瑕疵担保责任;赠与人对赠与财产的瑕疵虽没有故意不告知,但如果保证赠与财产无瑕疵的,也应负瑕疵担保责任。当然,赠与人因保证无瑕疵而承担赔偿责任时,应当仅在其所保证的无瑕疵的范围内承担赔偿责任,对未保证部分所造成的损失,赠与人不负赔偿责任。本案即是此类情形,李某或许出于大意,或许过于自信,也许主观并无恶意,但其向乐某保证车况良好,导致乐某轻信其言,酿成车祸,造成损失,就应该承担相应的赔偿责任。

实践中,赠与人的瑕疵担保存在以下几种免责要件:一是赠与人明确告知赠与财产的瑕疵。如果赠与时已经告知受赠人赠与财产存在的瑕疵,对于受赠人使用赠与物造成的损害,赠与人不承担赔偿责任。二是受赠人自身的故意或重大过失。虽然赠与人故意不告知财产瑕疵或者明确保证赠与财产无瑕疵,但是受赠人发现了财产存在的瑕疵,而受赠人故意使用瑕疵产品使自己遭受损害,或者不采取任何防范措施的情况下,应当免除或者减轻赠与人的赔偿责任。三是受赠人非正常使用。虽然赠与财产存在瑕疵,但如果受赠人能够以正确的和通常的方式使用赠与财产并不会造成损失,受赠人因非正常使用或者错误使用造成损失的无权请求赔偿。

【法条链接】

《中华人民共和国民法典》

第六百六十二条 赠与的财产有瑕疵的,赠与人不承担责任。附义务的赠与,赠与的财产有瑕疵的,赠与人在附义务的限度内承担与出卖人相同的责任。赠与人故意不告知瑕疵或者保证无瑕疵,造成受赠人损失的,应当承担赔偿责任。

【特别提醒】

赠与的财产有瑕疵,赠与人故意不告知瑕疵或保证无瑕疵,造成受赠人损失的,应承担赔偿责任。

★ 借款合同

37."砍头息"能否认定为借款本金?

【情景模拟】

邓某与李某系邻居,张某与李某系朋友。张某在县城开了一家茶行,资金宽裕,常有乡邻向其借款。2018 年 3 月 1 日,邓某因妻子患胃癌做手术,急需借医药费 3 万元,便让李某询问张某能否提供借款 3 万元,张某表示同意但声明需先办理借款手续并支付"砍头息"。2018 年 3 月 2 日,张某与邓某签订了 3 万元的借款合同,邓某向张某出具了一张借条,载明:"今借到张某现金人民币 3 万元,借款期限半年,月利率 1%。"同日,张某向邓某转账支付 3 万元,邓某委托李某向张某转交了 1800 元的"砍头息"。借款到期后,张某多次向邓某催款未果便诉至法院。张某诉称其已向邓某实际出借 3 万元借款,要求邓某归还借款 3 万元及利息。邓某辩称自己只收到借款 2.82 万元,另外 1800 元作为利息预先扣除了,只同意归还 2.82 万元本金及利息。"砍头息"能否认定为借款本金?

【权威观点】

虽然张某提供了邓某向其出具的收到 3 万元的借条及其向邓某转账 3 万元的银行交易凭证,但邓某于收到 3 万元借款的同日向张某支付了 1800 元的"砍头息",该笔款项是预先扣除的 6 个月的利息。邓某实际收到借款的金额为 2.82 万元,应按实际借款数额 2.82 万元返还借款本金并支付利息(自 2018 年 3 月 2 日至实际清偿之日止按月利率 1% 计算)。

【法官解读】

(一)"砍头息"的认定。

民间借贷中,出借人在本金中预先扣除的利息俗称"砍头息"。由于 1999 年 10 月 1 日起施行的合同法禁止收取"砍头息",在民间借贷中,收取"砍头息"也经历了从公开到隐蔽的过程。收取"砍头息"主要有以下方式:1. 双方当事人直接在合同或借条中载明从借款本金中预先扣除一定期限的利息;2. 借款合同、借条均无从本金中预先扣除利息的字眼,但借款人发放的借款金额为扣除利息之后的金额,借款人在借条中将预先扣除的利息确认为其实际收到的现金;3. 借款合同、借条均无从本金中预先扣除利息的字眼,先由出借人通过现金或转账的方式向借款人足额支付约定的借款,再由借款人按照双方约定的时间将应付的"砍头息"通过现金或转账的方式交付给出借人或其指定的人。本案中,张某就采取了比较隐蔽的方式收取"砍头息"。从形式上看,张某于 2018 年 3 月 2 日通过银行转账的方式向邓某实际交付了 3 万元,但同日,邓某将应付的 1800 元"砍头息"通过双方约定的第三人李某转交给了张某,相当于张某从借款本金中预先扣除了 1800 元利息,故邓某实际取得的借款为 2.82 万元而非 3 万元。

(二)"砍头息"不受法律保护。

民间借贷中,出借人直接从本金中以扣除利息的方式来确保自己利息的收回,使得借款人实际借到的本金要低于约定的借款数额,同时也导致借款过程中实际利率高于约定借款利率。借款人实际收到的借款数额低于约定的借款数额,若按照约定的金额来还款,明显违反公平原则。此外,我国法律禁止高利放贷的行为,收取"砍头息"可能导致高利放贷以隐蔽的方式存在,危害国家社会经济秩序。因此,从合同法到民法典均规定"借款的利息不得预先在本金中扣除。"

(三)"砍头息"不计入本金。

尽管我国法律禁止收取"砍头息",但民间借贷中还是存在收取"砍头息"的行为。《中华人民共和国民法典》第六百七十条规定:"借款的利息不得预先在本金中扣除。利息预先在本金中扣除的,应当按照实际借款数额返还借款并计算利息。"因此,即使收取了"砍头息","砍头息"也不计入本金,借款人应按实际收取借款的金额归还借款本息。

【法条链接】

《中华人民共和国民法典》

第六百七十条　借款的利息不得预先在本金中扣除。利息预先在本金中扣除的,应当按照实际借款数额返还借款并计算利息。

【特别提醒】

收取"砍头息"的行为不受法律保护。借款本金以借款人实际收取的金额认定。若被收取"砍头息",务必保存好相关证据。

38. 民间借贷如何支付利息?

【情景模拟】

甲县人胡某在外打拼多年,小有积蓄,2018 年回乡创业,在老家开办了一家木材加工厂,经营顺畅、小有盈利。2019 年 7 月,胡某计划扩大加工厂规模,购买土地并修建厂房,因投资较大,一时周转困难。为缓解资金压力,胡某向同乡戴某借款 50 万元用于周转,约定借款利息为月息 2 分。胡某亲笔书写借条一张,载明借到戴某 50 万元,月息 2 分,归还日期为 2020 年 7 月 30 日,若逾期未还,则按照月息 4 分计算利息。该借条由胡某签字予以确认。戴某于 2019 年 7 月 31 日向胡某转账 50 万元。2020 年 7 月 30 日,借款到期,可胡某的木材加工厂因突发变故,亏损严重,手中已无闲散资金,土地一时也无法变卖。戴某在多次催讨后终于失去耐心,于 2020 年 8 月 30 日向法院提出诉讼,请求判决胡某归还借款及 13 个月利息共计 64 万元。

【权威观点】

胡某与戴某约定的期限内利率按月息 2 分计算、逾期利率按月息 4 分计算,超出法律规定的民间借贷利率司法保护的上限。本案借款利率应分段计算,2019 年 7 月 31 日至 2020 年 8 月 19 日的利息应按月利率 2% 计算,2020 年 8 月 20 日至 2020 年 8 月 30 日的利息应按 2020 年 8 月 20 日发布的一年期 LPR 即 3.85% 的四倍 15.4% 计算,胡某应归还本息 629019 元。

【法官解读】

　　高利贷,顾名思义就是利息高额的贷款。《中华人民共和国民法典》第六百八十条明确规定禁止高利放贷,贷款的利率不得违反国家有关规定。民间借贷的利率计算标准属于当事人意思自治的范畴,借贷双方是否约定利息、如何计收利息,由双方约定,但是,借贷双方在借款合同中约定的利息不得违反国家有关规定。如果当事人约定的利息过高,不仅会影响金融秩序,还可能引发其他社会问题和道德风险,所以,世界上绝大多数国家都设置了利率保护的上限。我国关于民间借贷利率的规定经历了以下变迁:1. 1991 年 8 月 13 日起施行的《最高人民法院〈关于审理借贷案件的若干意见〉》第六条规定民间借贷的利率不得超过银行同类贷款利率的 4 倍(包含本数)。2. 2015 年 9 月 1 日起施行的《最高人民法院关于审理民间借贷案件适用法律若干问题的规定》第二十六条规定:"借贷双方约定的利率未超过年利率 24% ,出借人请求借款人按照约定的利率支付利息的,人民法院应予支持。借贷双方约定的利率超过年利率 36% ,超过部分的利息约定无效。借款人请求出借人返还已支付的超过年利率 36% 部分的利息的,人民法院应予支持。" 3. 2020 年 8 月 20 日起施行的《最高人民法院关于审理民间借贷案件适用法律若干问题的规定》第二十六条规定:"出借人请求借款人按照合同约定利率支付利息的,人民法院应予支持,但是双方约定的利率超过合同成立时一年期贷款市场报价利率四倍的除外。前款所称'一年期贷款市场报价利率',是指中国人民银行授权全国银行间同业拆借中心自 2019 年 8 月 20 日起每月发布的一年期贷款市场报价利率。"该规定第三十二条第二款规定:"借贷行为发生在 2019 年 8 月 20 日之前的,可参照原告起诉时一年期贷款市场报价利率四倍确定受保护的利率上限。"4. 2021 年 1 月 1 日起施行的《最高人民法院关于审理民间借贷案件适用法律若干问题的规定》第二十五条第一款规定:"出借人请求借款人按照合同约定利率支付利息的,人民法院应予支持,但是双方约定的利率超过合同成立时一年期贷款市场报价利率四倍的除外。"第三十一条规定:"本规定施行后,人民法院新受理的一审民间借贷纠纷案件,适用本规定。2020 年 8 月 20 日之后新受理的一审民间借贷案件,借贷合同成立于 2020 年 8 月 20 日之前,当事人请求适用当时的司法解释计算自合同成立到 2020 年 8 月 19 日的利息部分的,人民法院应予支持;对于自 2020 年 8 月 20 日到借款返还之日的利息部分,适用起诉时本规定的利率保护标准计算。本规定施行后,最高人民法院以前作出的相关司法解释与本规定不一致的,以本规定为准。"本案一审受理时间为 2020 年 8 月 30 日,发生在 2020 年 8 月 20 日之后,应适用《最高人民法院关于审理民间借贷案件适用法律若干问题的规定》第三十一条规定。因本案借贷合同成立于 2019 年 7 月 31 日,故自合同成立到 2020 年 8 月 19 日的利息应按《最高人民法院关于审理民间借贷案件适用法律若干问题的规定》第二十六条规定的月利率 2% 计算,自 2020 年 8 月 20 日至 2020 年 8 月 30 日的利息,应适用起诉时一年期贷款市场报价利率的四倍即 15.4% 计算。

【法条链接】

《中华人民共和国民法典》

第六百八十条　禁止高利放贷，借款的利率不得违反国家有关规定。

借款合同　对支付利息没有约定的，视为没有利息。

借款合同对支付利息约定不明确，当事人不能达成补充协议的，按照当地或者当事人的交易方式、交易习惯、市场利率等因素确定利息；自然人之间借款的，视为没有利息。

《最高人民法院关于审理民间借贷案件适用法律若干问题的规定》

第二十六条　借贷双方约定的利率未超过年利率24%，出借人请求借款人按照约定的利率支付利息的，人民法院应予支持。

借贷双方约定的利率超过年利率36%，超过部分的利息约定无效。借款人请求出借人返还已支付的超过年利率36%部分的利息的，人民法院应予支持。

《最高人民法院关于审理民间借贷案件适用法律若干问题的规定》

第三十二条　本规定施行后，人民法院新受理的一审民间借贷纠纷案件，适用本规定。

借贷行为发生在2019年8月20日之前的，可参照原告起诉时一年期贷款市场报价利率四倍确定受保护的利率上限。

本规定施行后，最高人民法院以前作出的相关司法解释与本解释不一致的，以本解释为准。

《最高人民法院关于审理民间借贷案件适用法律若干问题的规定》

第二十五条　出借人请求借款人按照合同约定利率支付利息的,人民法院应予支持,但是双方约定的利率超过合同成立时一年期贷款市场报价利率四倍的除外。

前款所称"一年期贷款市场报价利率",是指中国人民银行授权全国银行间同业拆借中心自 2019 年 8 月 20 日起每月发布的一年期贷款市场报价利率。

第三十一条　本规定施行后,人民法院新受理的一审民间借贷纠纷案件,适用本规定。

2020 年 8 月 20 日之后新受理的一审民间借贷案件,借贷合同成立于 2020 年 8 月 20 日之前,当事人请求适用当时的司法解释计算自合同成立到 2020 年 8 月 19 日的利息部分的,人民法院应予支持;对于自 2020 年 8 月 20 日到借款返还之日的利息部分,适用起诉时本规定的利率保护标准计算。

本规定施行后,最高人民法院以前作出的相关司法解释与本规定不一致的,以本规定为准。

【特别提醒】

法律禁止高利放贷,超出利率司法保护上限的利息不受法律保护。借款人应注意保存好交付凭证等重要证据,防范出借人变相收取高额利息。

★ 保证合同

39. 没有约定保证方式,债务人没有履行债务时,保证人需要承担保证责任吗?

【情景模拟】

张三因承包工程,需要资金周转。2020 年 8 月 1 日,张三向邻居李四借款 10 万元,约定借期一年,年利率 10%,并出具借条一张。李四为确保借款安全,要求张三提供担保。张三找来王五作为保证人。经协商,王五在借条空白处写明:"对张三所借李四的借款本金及利息,本人愿意承担全部的保证担保责任。保证人:王五。"当天,李四将借款转账支付给张三。后传闻张三所承包的工程可能会亏损,李四对其借款能否得到偿还感到担心,于是向律师进行咨询,想了解如果张三没有按期还款,能否要求王五承担保证责任。如张三没有按期还款,李四要求王五承担保证责任的请求能够得到支持吗?

【权威观点】

当事人对于保证方式没有约定或者约定不明确的,保证人按照一般保证承担保证责任。一般保证中,债权人不能直接要求保证人承担保证责任。

【法官解读】

（一）保证方式包括一般保证和连带责任保证两种。

保证是以保证人的信用来对债务人的债务提供担保,在实践中被广泛地应用。保证方式包括一般保证和连带责任保证两种。如果当事人在保证合同中约定,在债务人不能履行债务时,由保证人承担保证责任,这种保证就属于一般保证。如果当事人在保证合同中约定保证人和债务人对债务承担连带责任,此种保证就属于连带责任保证。

（二）一般保证和连带责任保证的根本区别。

一般保证与连带责任保证的根本区别在于保证人是否享有先诉抗辩权。在连带责任保证中,保证人不享有先诉抗辩权,只要债务人发生不履行到期债务或者当事人约定保证人应当承担保证责任的情形时,债权人就可以请求保证人承担保证责任。在一般保证中,保证人享有先诉抗辩权,只有在债权人就主合同债权提起诉讼或者申请仲裁,并就债务人财产依法强制执行仍不能履行债务后,债权人才可以请求保证人承担保证责任。也就是说,在连带责任保证中,债务人和保证人的责任没有先后之分,连带责任保证人的地位类似于债务人;在一般保证中,债务人的责任是第一位的责任,保证人的责任是第二位的责任,存在先后顺序。

（三）民法典对保证方式未约定或者约定不明确法律后果的规定。

实务中,由于种种原因,当事人在保证合同中没有约定保证方式,或者对保证方式约定不明确的现象相当普遍。在当事人对保证方式没有约定或者约定不明确的情形下,如何确定保证人的责任?对此,《中华人民共和国担保法》第十九条规定:"当事人对保证方式没有约定或者约定不明确的,按照连带责任保证承担保证责任。"与上述规定不同,《中华人民共和国民法典》对于保证方式的推定作出了重大调整。该法第六百八十六条第二款规定:"当事人在保证合同中对保证方式没有约定或者约定不明确的,按照一般保证承担保证责任。"情景模拟中,王五虽然在借条中写明愿意承担保证担保责任,但没有明确是哪一种保证方式,属于对保证方式没有约定的情形,王五应按照一般保证承担保证责任。此时,根据《中华人民共和国民法典》第六百八十七条的规定,若张三没有按期还款,李四应先通过提起诉讼或者申请仲裁的方式,向张三主张还款责任,只有在经过人民法院审判或者仲裁机构仲裁,并就张三的财产依法强制执行仍不能得到偿还时,才能要求王五承担保证责任。

【法条链接】

《中华人民共和国民法典》

第六百八十六条　保证的方式包括一般保证和连带责任保证。

当事人在保证合同中对保证方式没有约定或者约定不明确的,按照一般保证承担保证责任。

第六百八十七条　当事人在保证合同中约定,债务人不能履行债务时,由保证人承担保证责任的,为一般保证。

一般保证的保证人在主合同纠纷未经审判或者仲裁,并就债务人财产依法强制执行仍不能履行债务前,有权拒绝向债权人承担保证责任,但是有下列情形之一的除外:

(一)债务人下落不明,且无财产可供执行;

(二)人民法院已经受理债务人破产案件;

(三)债权人有证据证明债务人的财产不足以履行全部债务或者

丧失履行债务能力；

（四）保证人书面表示放弃本款规定的权利。

【特别提醒】

《中华人民共和国民法典》对于保证方式的推定作出了调整,对于保证方式未约定或者约定不明确的,改变了担保法推定为连带责任保证的规定,而是规定应推定为一般保证。

40. 债权人可以选择由债务人或者连带责任保证人承担责任吗?

【情景模拟】

张三因做生意需要资金周转,向李四借款,李四于2018年9月1日向张三转账出借10万元。同日,张三向李四出具借条一张,约定张三借到李四10万元,月息1分,借期一年,在2019年8月31日之前偿还本息。张三的朋友王五作为借款担保人,在借条上书写:本人愿意为张三所借款项本息承担连带保证责任,并签名。借款到期后,张三未偿还本息。李四多次联系张三,均无法联系到。后李四到人民法院对王五提起诉讼,请求判令王五承担偿还借款本息的担保责任。王五提出,应追加张三为被告参加本案诉讼。王五的请求能够得到支持吗?

🔊 【权威观点】

连带责任保证中,对于如何起诉债务人和保证人,债权人享有选择权。连带责任保证的债权人可以将债务人或者保证人的其中一方作为被告提起诉讼,也可以将债务人和保证人作为共同被告提起诉讼。

🎧 【法官解读】

(一)连带责任及其基本规则。

连带责任,指的是依照法律规定或者当事人的约定,两个或者两个以上的债务人对同一债务均承担全部清偿的责任。连带责任分为两种:一种是依照法律的直接规定发生的连带责任。在《中华人民共和国民法典》中,多处对于连带责任作出了规定,其中较为常见的有合伙人对合伙债务承担连带责任、共同侵权人对受害人承担连带责任、以挂靠形式从事道路运输经营活动的机动车发生交通事故损失后挂靠人和被挂靠人承担连带责任等情形。在连带责任中,就债权人而言,债权人有权请求部分或者全部连带责任人承担责任,权利人的权利在某个或者某些连带责任人处未得到实现时,可以继续请求其他连带责任人承担责任。就连带责任人而言,任何一个连带责任人都有义务对债权人承担全部责任,债权人的权利在某个或者某些连带责任人处得到实现时,其他连带责任人的责任相应免除。还有一种是依照约定产生的连带责任,主要是违反连带债务发生的连带责任。如夫妻作为共同买房人发生的连带支付购房款的责任。

(二)债权人可以选择由债务人或者连带责任保证人承担责任。

连带责任保证属于因当事人订立保证合同、约定承担保证责任而发生的连带责任。在连带责任保证中,只要债务人客观上发生了逾期不履行债务的情形,不论此时债务人是否具有实际履行能力,债权人都可以请求债务人或者保证人偿还债务。在债权人的债权不能得到清偿时,债权人既可以选择只起诉债务人,也可以选择只起诉保证人,还可以选择同时起诉债务人和保证人。究竟如何提起诉讼,选择权掌握在债权人手中。在情景模拟中,因张三无法联系上,李四可以选择单独起诉王五。王五申请法院追加张三为被告,法院应征求李四的意见,如李四同意追加,则可以追加;若李四坚持只起诉王五,不同意追加张三为被告,则不应追加张三为被告。

【法条链接】

《中华人民共和国民法典》

第六百八十八条　当事人在保证合同中约定保证人和债务人对债务承担连带责任的,为连带责任保证。

连带责任保证的债务人不履行到期债务或者发生当事人约定的情形时,债权人可以请求债务人履行债务,也可以请求保证人在其保证范围内承担保证责任。

【特别提醒】

连带责任保证中,在债务人不能履行到期债务时,债权人对于向债务人或者保证人提起诉讼享有选择的权利。但是为了一次性解决纠纷,建议一般情况下,应选择同时起诉保证人和债权人;只有在债务人或者保证人一方下落不明等特殊情况下,为了避免诉讼时间过长,可以选择只起诉其中一方作为被告。

41. 债务人将债务转由他人承担，未经保证人同意的，保证人可以免责吗？

【情景模拟】

2018 年 9 月 1 日，乙向甲借款，并出具借条一张，约定：甲借给乙10 万元，借款期限为 1 年，丙作为保证人，承诺对借款本息承担保证责任。甲、乙、丙三人均在借条上签字。当天，甲通过银行转账向乙支付了 10 万元借款。2019 年 8 月 31 日，借款到期后，因丁欠乙 5 万元借款未偿还，甲、乙、丁三人一起商定，乙向甲所借的 10 万元，其中5 万元由丁向甲偿还，乙只需偿还剩余的 5 万元。丙未参与甲、乙、丁三人对于债务处理的过程，事后甲、乙、丁也没有将相关情况告诉丙。经甲数次催讨，乙和丁未及时还款。后甲将乙、丙、丁三人一并起诉到法院，要求乙和丁分别偿还借款 5 万元，并要求丙对 10 万元借款承担全部偿还责任。丙称甲、乙、丁三人转移债务的行为没有经过他的同意，他不应再承担任何保证责任。甲的请求能够得到支持吗？

【权威观点】

债务人将债务转由他人承担，未经保证人同意的，对于他人承担的债务，保证人不需要承担保证责任。

【法官解读】

（一）什么是免责的债务转移。

免责的债务转移，是指债务人将对债权人所负的债务，全部或者部分地转移给第三人，对于转移部分的债务，第三人代替原来的债务人成为新的债务人，原来的债务人不需要再承担这部分债务的偿还责任。这就意味着，对于这部分已经转移的债务，原来债务人的责任得到了免除，不需要继续承担偿还的责任。要实现免责的债务转移，至少要求同时具备以下三点：1. 债务人与第三人之间协商一致，第三人同意承担债务人转移的债务。2. 债权人同意债务人将债务转移给第三人。3. 债务人在转移债务时，明确转移债务后，不再继续向债权人承担偿还责任，而是由第三人独立承担偿还责任。情景模拟中，甲是债权人，乙是债务人，丁是承担债务的第三人，三人的行为完全符合以上三点，构成免责的债务转移的情形。

（二）免责的债务转移中保证人能否免除保证责任的认定。

免责的债务转移中，对于保证人能否免除保证责任，可以分以下三个方面进行区别认定：1. 债务人转移债务时，得到保证人书面同意的，保证人仍应当对被转移的债务承担保证责任。必须强调的是，如果保证人只是口头同意的，不能认定保证人已经同意债务人转移债务。对于是否经过保证人的书面同意，举证责任应在要求保证人承担保证责任的债权人。2. 债务人转移全部债务，未得到保证人书面同意的，保证人对于全部债务，均不再承担保证责任。3. 债务人部分转移债务，未得到保证人书面同意的，保证人对于该部分转移的债务，不再承担保证责任，但对于债务人没有转移的债务，保证仍然应当承担保证责任。情景模拟中，保证人丙对于已经转移给丁的5万元债务，因未得到其书面同意，不需要再承担保证责任，但对于没有转移的 5 万元债务,则仍然应当承担保证责任。

(三)保证人可以免除保证责任的理由。

免责的债务转移中,之所以可以对于未经保证人同意而转移的债务不再承担保证责任,其理由主要在于:保证是以人身信用为基础而成立的担保,是基于保证人与债务人之间相互信任关系而产生,没有保证人与债务人相互之间的信赖,保证担保就不会发生。而在第三人与保证人之间,往往并不存在这种信任关系。

【法条链接】

《中华人民共和国民法典》

第六百九十七条　债权人未经保证人书面同意,允许债务人转移全部或者部分债务,保证人对未经其同意转移的债务不再承担保证责任,但是债权人和保证人另有约定的除外。

【特别提醒】

免责的债务转移中,涉及保证人保证责任是否继续承担以及承担范围的问题。为确保债权能够顺利得以实现,债权人需要衡量接受债务转移的第三人的履行能力,并尽量争取得到保证人的书面同意,以避免第三人履行能力不足,而保证人又不再承担保证责任,导致债权不能得到偿还。

42. 第三人加入债务, 保证人能免责吗?

【情景模拟】

张三因做生意周转需要, 于 2019 年 9 月 1 日向李四借款 10 万元, 约定 2019 年 12 月 31 日之前偿还, 王五在借条中以连带责任担保人身份签字。借款到期后, 经李四数次催讨, 张三以生意亏损, 暂时没有偿还能力而未能还款。又一次催讨时, 被张三的哥哥张大遇到。张大得知借款情况后, 向李四出具承诺书一份, 写明: "我愿意为张三所欠李四的借款承担偿还责任。"但张大并未及时向李四偿还借款。后李四将张三、张大、王五起诉至法院, 要求张三、张大承担还款责任, 王五承担保证责任。李四的请求能够得到支持吗?

【权威观点】

张大出具承诺书后, 需要与张三共同向李四承担债务清偿责任。王五的保证责任不会变得更重, 王五应当对张三未能偿还的债务承担保证责任。

【法官解读】

(一)什么是债务加入。

债务加入, 是在债权人和债务人已经存在债权债务关系时, 第三人作为新的债务人加入进来, 与原债务人一起, 对于债务承担连带清偿责任。符合下列情形之一的,可以构成债务加入:1.第三人与债务人约定,第三人加入债务,与债务人共同承担债务,第三人或者债务人通知债权人,债权人没有在合理期限内明确拒绝的。2.第三人向债权人表示愿意加入债务,对债务人债务承担偿还责任,债权人没有在合理期限内明确拒绝的。情景模拟中,在张三不能按期还款的情况下,张大向李四出具同意偿还张三借款的承诺书,李四表示了接受,可以认定张大构成了债务加入,应与张三一起,对于张三所欠李四的借款承担连带清偿责任。李四有权要求张三、张大一同或者单独承担所欠借款的偿还责任。

（二）第三人加入债务时,保证人不能因此免责。

第三人加入债务后,产生以下三个方面的效果:1.对于债权人来说,债权人既可以向原债务人主张债权,也可以向第三人主张债权,也就是说,在原来债务人的基础上,增加了新的第三人对债权人履行债务,债权人债权实现的安全性得到进一步提高。2.对于原债务人来说,原债务人并没有从原来的债权债务关系中脱离出来,并不能免除承担债务的责任,对债权人仍然负有清偿债务的义务。3.对于保证人来说,一方面,因第三人加入债务,债权人实现债权更有保障,当第三人履行债务后,保证人的保证责任将会得到减轻;另一方面,原债务人仍然需要对于原债务承担清偿责任,该部分清偿责任,仍在保证人承担保证责任的范围之内,对于原债务人的债务,保证人仍然应当承担保证责任。

（三）第三人偿还全部或者部分债务的,保证人应相应减轻或者免除保证责任。

在第三人加入债务后,偿还全部或者部分债务时,原债务人的债务相应消灭或者减少。第三人加入债务后,保证人的担保对象仍然是原债务人,担保范围应限定在原债务人应当承担的债务范围之内。当第三人偿还全部债务后,原债务人的债务将消灭,此时保证人也无需再承担保证责任;当第三人部分偿还债务时,对于原债务人债务相应减轻的部分,保证人无须再承担保证责任,而仅需对原债务人未能清偿的部分承担保证责任。

【法条链接】

《中华人民共和国民法典》

第六百九十七条　第三人加入债务的,保证人的保证责任不受影响。

【特别提醒】

第三人加入债务,涉及债权人、债务人、第三人和保证人四方的利益。对于债权人来说,债权可以得到更加有效的保障,有利于债权实现;对于债务人来说,可以通过第三人的履行行为,让其从债务关系中脱离出来;对于保证人来说,其保证责任虽然不受影响,但有可能因为第三人的清偿行为而使得其实际承担的保证责任得以减轻或者免除;对于第三人来说,其需要与债务人共同承担连带偿还责任,在加入的债务中属于纯增加负担的行为,加入债务应慎重。

43. 同一债务人有多个保证人，责任如何承担？

【情景模拟】

　　甲因为做生意缺少资金，想找人借款解决资金问题。后甲经朋友乙和丙认识了经济条件宽裕的丁，便提出向丁借款 10 万元。丁同意借款，但考虑到与甲并不是很熟悉，担心出借款项的安全，要求两人共同的朋友乙和丙作为保证人提供担保。1. 第一种情形：乙和丙考虑到自身经济状况，均只同意各为甲所借款项中的 3 万元提供保证担保。2. 第二种情形：出于对甲的信任，乙和丙均同意对甲所借款项及利息等承担全部的保证责任。后甲因做生意失败，欠下很多人的债务，无力偿还，便离开住地，无法联系。丁在债权到期后，多方联系，仍无法联系到甲，便将甲、乙、丙一并起诉到法院，要求借款人甲承担还款责任，保证人乙和丙承担保证责任。保证人乙和丙应如何承担责任？

【权威观点】

　　保证合同中约定了保证份额的，保证人只在保证份额内承担保证责任；没有约定保证份额的，保证人在保证范围内承担保证责任。

【法官解读】

　　（一）什么是共同保证。

实践中,对于债务人对债权人所负的同一债务,根据保证人人数的不同,可以将保证划分为单一保证和共同保证两种。单一保证,指的是对于债务人对债权人所负的同一债务,只有一个保证人的保证。共同保证,指的是对于债务人对债权人所负的同一债务,由两个或者两个以上的保证人提供担保。共同保证具有以下三个主要特点:1.保证人的人数必须是两人以上。2.两个以上保证人既可以是同时为债务人提供担保,也可以是分别为债务人提供担保。保证人之间是否互相知道存在其他保证人提供担保的情况,不影响共同保证的成立。3.两个以上保证人是为同一债权人的同一债权提供担保。如果两个以上保证人分别为同一债权人的不同债权提供担保,并不构成共同保证,而仍然属于单一保证。

(二)共同保证的基本类型。

共同保证主要包括按份共同保证和连带共同保证两种基本类型。按份共同保证,是指保证人与债权人在保证合同中约定了各个保证人所承担的保证份额,债权人只能在约定的保证份额范围内请求保证人承担保证责任的共同保证。连带共同保证,是指保证人与债权人在保证合同中并没有约定各个保证人承担保证份额,债权人可以请求各个保证人对全部债务承担连带保证责任的共同保证。在实践中,也有可能出现按份共同保证和连带共同保证同时存在的情形,即在保证人人数较多的情况下,其中一部分保证人约定了保证份额,而另一部分保证人没有约定保证份额。

(三)共同保证中保证人的责任承担。

1.在按份共同保证中,债权人只能请求每一个保证人在其保证份额范围承担保证责任,不能请求保证人超出其保证份额范围承担责任,各个保证人也仅需要在约定的保证份额内承担各自的保证责任,对于超出约定保证份额的债务,保证人可以拒绝承担责任。2. 在连带共同保证中,债权人可以请求任何一个或者数个保证人在其保证范围内承担连带保证责任。保证人不能以存在其他保证人为由而要求减少其承担保证责任的债务范围,也不能以其承担的保证责任超过了各个保证人的平均数为由而拒绝承担剩余债务的保证责任。3. 在按份共同保证和连带共同保证同时存在时,应允许债权人同时向按份共同保证人和连带共同保证人分别或者同时主张权利,按份共同保证人在保证份额内承担责任,连带共同保证人对于全部债务承担连带保证责任。按份共同保证人承担责任后,连带共同保证人对于剩余债务仍然需要承担连带保证责任;连带共同保证人清偿完全部债务后,按份共同保证人不需要再承担保证责任。情景模拟中,在第一种情形中,对于甲不能偿还的借款 10 万元,乙和丙作为担保人,需要在约定的 3 万元的范围内承担保证责任,对于超出 3 万元的部分,不需要承担保证责任;在第二种情形中,对于甲不能偿还的借款 10 万元,乙和丙作为担保人,需要对全部债务承担连带清偿的保证责任。

【法条链接】

《中华人民共和国民法典》

第六百九十九条 同一债务有两个以上保证人的,保证人应当按照保证合同约定的保证份额,承担保证责任;没有约定保证份额的,债权人可以请求任何一个保证人在其保证范围内承担保证责任。

【特别提醒】

对于债权人和保证人而言,按份共同保证限制了保证人的保证责任范围,有利于保证人控制和防范债务风险;连带共同保证未限制保证人的保证责任范围,有利于债权人债权的实现。当事人应根据债务人的债务履行能力,结合自身是债权人还是保证人身份,慎重选择保证方式。

★ 租赁合同

44. 租赁物应由谁负责维修?

【情景模拟】

林某与贾某于 2019 年 1 月签订《房屋租赁合同》,合同约定林某将位于 XXX 道路的房屋出租给贾某居住使用,房屋出租的租金按月支付,每月 1500 元,缴纳一个月租金作为保证金。合同还约定,出租屋内的空调、电冰箱、电视机在承租人使用过程中如发生损坏的(无论是自然老化还是承租人使用不当)由承租人履行维修义务。双方签订合同后,贾某入住租赁房屋,并按期缴纳房租。

在承租期间,出租屋内的水管破裂,电视线路老化导致无法正常使用,贾某要求林某进行维修,林某主张合同约定了由承租人贾某履行维修义务,故其拒绝履行维修义务。贾某认为损坏事宜并属于合同约定的维修范围内,根据法律规定出租人有维修义务,现其要求林某修复水管能否被支持？要求林某修复电视机线路能否被支持？

【权威观点】

本案租赁物损坏的事宜并不在租赁合同约定的范围之内，根据《中华人民共和国民法典》第七百一十二条规定应由出租人承担维修义务。贾某有权要求林某承担维修义务，如果出租人拒绝维修或在合理期限内不履行维修义务的，承租人可以自行维修，维修费用由出租人负担。

【法官解读】

维修义务是指在租赁物出现不符合约定的使用状态时，出租人须对该租赁物进行修理和维护，以保证承租人能够正常使用该租赁物。维修义务也包括对租赁物的正常保养，是保持租赁物适合于使用、收益状态的一种方式。出租人的维修义务是出租人对物的瑕疵担保责任中派生的义务。

出租人的义务并不是绝对的、无限的，应具备以下条件：

其一，有维修的正当理由，即限于租赁物本身的缺陷、瑕疵造成，对承租人增添于租赁物的缺陷无维修的义务。出租人的维修义务一般是在承租人按约定正常使用租赁物的情况下出现的租赁物的损耗或者是由租赁物的性质所要求的对租赁物的正常的维护，如果是因为承租人的保管使用不善，造成租赁物损坏时，出租人不负有维修的义务。

其二，须租赁物有维修的必要。有维修的必要是指租赁物已出现影响正常使用、发挥效用的情况,不进行维修就不能使用,出租人应对租赁物进行及时的维修,以保证其正常使用。

其三,须租赁物有维修的可能。有维修的可能是指租赁物损坏后能够将其修好以恢复或达到损坏前的状态。维修不能,包括事实不能与经济不能。前者是指维修在技术上或物理上不可能,如承租人承租的房屋倒塌;后者是指维修在事实上虽然可能,但在经济上则耗费过大,致使维修几乎等同于重建或者无法期待出租人维修。此时出租人的维修义务就转化为承担一定的民事责任的义务,如减少租金等。

其四,当事人无相反的约定。基于租赁合同债权相对性,尊重当事人意思自治,允许当事人对维修义务的分配作出约定,即另有约定时也存在承租人承担维修义务的情况。本案中,出租人林某与承租人贾某在合同中约定了几项具体租赁物损坏事宜由出租人承担,出租人通过该种方式排除了其维修义务,对当事人约定应予尊重。但因为合同中没有约定水管破裂、线路老化的维修义务。合同中没有约定,依据法律规定,仍由出租人承担维修义务。

由于出租人交付租赁物时必须保证租赁物处于适合使用、收益的状态,如果交付时存在瑕疵,承租人可以催告出租人进行维修。因维修租赁物影响承租人使用的,承租人有权要求减少租金或者延长租赁期限。

租赁物交付后,租赁区需要维修时,承租人应当通知出租人予以维修。承租人履行通知义务即催告后,承租人才有自行维修的权利,才能够要求出租人承担维修费用。出租人不履行维修义务时,承租人可以要求解除租赁合同,也可以要求减少租金或者延长租赁期限。

在租赁合同存续期间,如果因承租人不当适用造成租赁物毁损,应当由承租人承担相应的维修费用。造成出租人损失的,承租人还应当承担损害赔偿责任。

【法条链接】

《中华人民共和国民法典》

第七百一十二条　出租人应当履行租赁物的维修义务,但是当事人另有约定的除外。

第七百一十三条　承租人在租赁物需要维修时可以请求出租人在合理期限内维修。出租人未履行维修义务的,承租人可以自行维修,维修费用由出租人负担。因维修租赁物影响承租人使用的,应当相应减少租金或者延长租期。

因承租人的过错致使租赁物需要维修的,出租人不承担前款规定的维修义务。

【特别提醒】

承租人在出租人交付租赁物时,要注意及时进行验收,自己不验收的要自行承担不利的法律后果。

45. 承租人自行改善租赁物应承担什么责任?

【情景模拟】

2007年6月1日,杨某(甲方)与郑某(乙方)签订一份《租赁合同》约定:甲方于 2007 年 6 月 1 日将房屋出租给乙方,房屋现状为普通装修房屋,租赁用途为自住,租赁时间为 5 年,租金每月 1200 元。乙方在未经甲方同意的情况下不得转租。双方还就租赁期间维修事宜进行了约定。

承租期间,郑某为了住的更舒适,家人有独立的生活空间,在未通知房主杨某,也未取得杨某同意的情况擅自将租赁的房屋改造为上下两层的复式房。租赁合同到期后,杨某要求郑某将复式楼恢复原样,郑某认为复式楼投入了其大量的装修资金,且提高了房屋的利用率,对杨某有巨大利好为由拒绝修复,并要求出租人承担部分改装费用。出租人杨某拒绝支付费用,同时要求恢复原状,杨某的权利可以得到保护吗?

【权威观点】

承租人郑某在未与出租人杨某协商,取得出租人杨某同意的情况下擅自对租赁房屋进行装修改造,应自行承担改造费用,同时出租人杨某有权要求恢复原状。

【法官解读】

在租赁合同关系中,承租人只对租赁物享有占有、使用权,并不享有所有权和处分权。出租人负有向承租人提供符合合同约定的租赁物,并履行维持租赁物一直处于适用状态的义务;而承租人负有合理使用租赁物,以及在租赁关系终止后,及时向承租人返还租赁物的义务。承租人返还租赁物时,应当尽量维持租赁物在出租人向其提供租赁物时的状态。因此承租人在租赁期间为了租赁使用需要改善租赁物或者在租赁物上增设他物时必须取得出租人的同意。如果自行改善租赁物将要自行承担相应的法律责任。承租人为了使租赁物充分有效地发挥作用,需要对租赁物进行改善或者添附,须先同出租人协商,在征得出租人的同意后方能对租赁物进行改善或添附。如对租赁的房屋进行装修、为租用的汽车安装防盗器等等。承租人未经出租人同意对租赁物进行改善、增设他物的,承租人不但不能要求出租人返还所支付的费用,出租人反而可以要求承租人恢复原状或者赔偿损失。所以,本案中杨某有权要求郑某自行承担改造费用,并要求恢复原状。鉴于本案房屋进行了结构性改造,恢复原状可能需花费更大的价值,出租人杨某可以请求承租人承担赔偿损失的责任。

承租人在征得出租人同意后对租赁物进行改善或者增设他物的,使其使用效用和本身的价值增加了,在租赁的有效期限内是不成问题的,但如果租赁期限届满,承租人须将租赁物返还出租人时就有一个与原租赁物的状况发生变化如何处理的问题,一般应遵循以下规则:

第一,可以要求出租人偿还由于改善或增设他物使租赁物的价值增加的那部分费用。但仅限于合同终止时租赁物增加的价值额,而不能以承租人实际支付的数额为准。

第二,对于增设他物的,如果可以拆除并不影响租赁物的原状,承租人最好拆除,承租人也有权拆除。一般来说,出租人不希望承租人对租赁物进行添附,因为这种添附增加了价值,出租人是要有所付出的。因此,增设物能拆除的,承租人尽量拆除。例如,承租人在租赁房屋内安装的空调,就可以拆除,但拆除后应当将安装处修复至原来的状态。如果出租人对增设物表示可以不拆除并愿意支付增加的费用的,也可以不必拆除。

【法条链接】

《中华人民共和国民法典》

第七百一十五条　承租人经出租人同意，可以对租赁物进行改善或者增设他物。

承租人未经出租人同意，对租赁物进行改善或者增设他物的，出租人可以请求承租人恢复原状或者赔偿损失。

【特别提醒】

承租人无论是出于自身使用还是其他原因需要对租赁房屋进行修缮或者重新装修的，应当事先征得出租人同意，为避免纠纷应事先对修缮费用或者增添物的费用承担问题进行约定。

46. 转租合同有效吗?

【情景模拟】

2016年8月29日，严某与郭某签订房屋租赁协议，约定郭某将位于某小区101室出租给严某，面积133平方米，租期5年，每月租金4500元。合同还约定，出租屋内的空调、电冰箱、电视机在承租人使用过程中如发生损坏的（无论是自然老化还是承租人使用不当）由承租人履行维修义务。对房屋漏水等房屋本身质量问题的维修义务由出租人承担。合同签订后，严某入住房屋，并按月缴纳房租。3年后，严某因工作地迁徙，离开所在城市，严某准备告知郭某要提前解除房屋租赁合同。但正在严某要提出解除的时候,严某亲戚魏某提出其正好需要租房,能不能将房屋继续让给其承租。严某遂在未告知郭某也未征得出租人郭某同意的情况下将该房屋交给亲戚使用、租住。之后房租仍由严某支付给出租人郭某。魏某在承租房屋过程中因水管破裂要求出租人郭某维修时,郭某才得知房屋实际租赁人变更为魏某,此时郭某能否要求解除租赁合同? 严某与亲戚魏某的转租合同是否有效?

【权威观点】

承租人严某未经出租人郭某同意,擅自转租,郭某可以行使法定解除权,要求解除合同。

【法官解读】

转租,是指承租人将租赁物转让给第三人使用、收益,承租人与第三人形成新的租赁合同关系,而承租人与出租人的租赁关系继续合法有效的一种交易形式。转租是租赁交易市场中常见的交易方式,有利于交易流转,可以有效提高租赁物使用效率,故法律并没有绝对禁止。但实践中有人为了牟取暴利,将租来的房屋层层转租,致使住房的租金过高,导致租赁市场的混乱和无序,同时也侵害了房屋所有人的利益,使得出租人也无法实际控制租赁物。因此对承租人的转租行为应加以约束。

为了规范上述现象,根据《中华人民共和国民法典》第七百一十六条的规定,承租人将租赁物转租他人的必须经出租人同意,出租人如果不同意,可以行使合同解除权。出租人的同意,既可以是事前同意,也可以是事后追认。本案中,如果出租人郭某事后同意严某亲戚魏某继续租赁,该转租关系合法有效。出租人的同意的意思表示既可以采取明示的方式,也可以采取默示的方式。出租人明示的同意,是指出租人以口头或书面的形式明确表达同意转租的意见。默示的方式是指行为人没有明确做出意思表示,但是可以根据其行为予以推定。比如,对魏某提出维修要求,郭某履行了维修义务,也接受魏某支付的租金,且没有向魏某明确提出不能租赁的异议,可以推定出租人同意转租的行为。此外,如果严某或者其亲戚魏某能够提供证据证明出租人郭某实际上知道转租的事实,但并未提出异议,如果超过了六个月异议期限的,可视为出租人同意转租,原租赁合同继续有效。

在转租情况下,出租人与第三人并未建立信赖关系,基于合同的相对性,在因第三人的行为造成租赁物损失的情况下,应由承租人向出租人承担违约责任,对第三人原因造成租赁物损失承担赔偿责任。承租人向出租人履行赔偿责任后,可以依照转租合同向第三人主张追偿,由第三人承担相应的违约责任。

【法条链接】

《中华人民共和国民法典》

第七百一十六条　承租人经出租人同意,可以将租赁物转租给第三人。承租人转租的,承租人与出租人之间的租赁合同继续有效;第三人造成租赁物损失的,承租人应当赔偿损失。

承租人未经出租人同意转租的,出租人可以解除合同

第七百一十八条　出租人知道或者应当承租人转租,但是在六个月内未提出异议的,视为出租人同意转租。

【特别提醒】

　　作为承租人在承租房屋时,应当对出租人是否为房屋所有权人还是转租人进行核实,如房屋是出租方转租的,应核实其是否有转租权。

47. 房东在租赁期间出售房屋,承租人要搬离吗?

【情景模拟】

　　2017 年 5 月,林某与吴某签订了房屋租赁合同,约定由房屋所有权人林某将江北小区 6 栋 1 单元 101 室出租给吴某,租期 5 年,每月租金 2000 元,租赁期间内,吴某不得将房屋予以转租,如损坏房屋及屋内家具、家电的要承担赔偿责任。吴某入住后一直按约履行缴纳房租的义务。2019 年 1 月,林某因办理了出国移民手续,遂将国内房产予以处理,将出租给吴某的房屋出售给雷某,并且协助雷某将房屋所有权变更登记为雷某。李某出售房屋的事宜并未告知吴某,对房屋已经出租的事宜也未告知雷某。

　　雷某获得该套房屋的产权证后,决定对房屋进行重新装修后入住。在准备装修的过程中,发现房屋由吴某承租并仍在租赁使用。雷某为了能顺利装修,便以房屋已经被林某出售,自己是新的房屋所有权人为由要求吴某搬离,雷某的诉求是否有法律依据? 承租人林某是否应当搬离?

【权威观点】

根据《中华人民共和国民法典》第七百二十五条规定,租赁期间租赁物所有权变动并不影响租赁合同的效力,雷某要求吴某搬离没有事实和法律依据,承租人吴某可以依据租赁合同继续承租该房屋。

【法官解读】

出租人与承租人订立的租赁合同生效后,虽然出租人将租赁物交付承租人使用,但租赁物的所有权仍然属于出租人,出租人对租赁物仍然享有处分权。实践中,出租人转移租赁物所有权,租赁物不仅存在出租人与承租人的关系,还涉及承租人与新的租赁物所有权人之间的关系。为了维护租赁关系的稳定,《中华人民共和国民法典》第七百二十五条确定了“买卖不破租赁”的原则,即在租赁合同的有效期内,出租人将租赁物的所有权转让给第三人时,承租人的权利不因租赁物所有权的转移而消灭或者受到障碍。本案中虽然林某将房屋出售给雷某,雷某成为房屋新的所有权人,但承租人吴某与原所有权人签订的《租赁合同》仍然合法有效,吴某仍可依据合同约定享有租赁物的使用权。新的所有权人雷某取代原所有权人取得出租人地位,继续享有合同权利,履行合同义务。雷某不得以租赁物已不属于原出租人所有为由,终止租赁合同的权利义务,或者阻碍承租人行使租赁合同规定的权利。

司法实践中,通常是新的所有权人为了取得租赁物的使用权益,要求解除合同。但实践中也存在承租人能否因租赁物所有权变动而解除合同的问题。我们认为,法律并未禁止出租人在租赁期间内转让租赁物,在合同未限制租赁物转让或者将其作为违约事由进行约定的情况下,出租人对租赁物的处分权不应受到限制。承租人以租赁物所有权变动为由解除合同,要求赔偿损失的,不予支持。

在租赁合同履行中,对于经常发生出租人预先收取租金的情形应如何处理。在租赁物所有权发生变动时,新的所有人基于租赁物所有权变动承继租赁合同的权利义务,从而取得收取租金的权利。原所有权人预先收取的租金,新的所有人可以基于物上请求权或者不当得利返还请求权,请求原所有人返还。承租人不负有就已经预先交付的租金再次给付的义务。

【法条链接】

《中华人民共和国民法典》

第七百二十五条　租赁物在承租人按照租赁合同占有期限内发生所有权变动的,不影响租赁合同的效力。

【特别提醒】

承租人为保障自身对租赁物使用权,可以在合同中约定出租人在租赁物出租期间,不得处分租赁物。

48. 租赁期限届满,房屋承租人有优先承租权吗?

【情景模拟】

2014 年,陈某在某镇汽配大市场买下一间店面,同年将该店面出租给经营汽车修理零配件的王某夫妻,双方签订租赁合同,约定将陈某持有的上述商铺出租给王某,租赁期限为 36 个月,自 2014 年 12 月 1 日至 2017 年 12 月 31 日,租金为每月 9000 元,每年递增 5%。王某经营有道,积累下不少客户资源,生意做得红红火火。2017 年 12 月合同到期后,双方未再续签租赁协议,但是王某继续按月支付租金,陈某也未提出异议。2018 年 6 月,陈某突然电话通知王某"这间店面我朋友要用,你们下个月搬走",王某懵了,质问陈某店面明明他继续在租,为什么突然转给别人,陈某说我们的租赁合同本来就到期了,现在朋友要用,我当然优先租给朋友了。王某认为他一直按月支付租金,从未拖欠,租赁合同应该自然转为不定期租赁,现在如果要续租的话,也应该优先让他续,租金方面随行就市,双方可以商谈。陈某表示朋友情面难却,已经与对方签了租赁协议,店面是一定要转了。王某当律师的妹妹得知此事后,告诉哥哥,《中华人民共和国民法典》明确规定了承租人的法定优先承租权,陈某的行为侵犯了他的正当权益,如果陈某不同意续租,王某有权要求其赔偿损失。

【权威观点】

王某在租赁合同到期后仍按月支付租金,陈某未提出异议,可以视为原租赁合同继续,租赁期限转为不定期。王某在租赁期满后享有以同等条件优先承租的权利,陈某未经王某同意擅自与他人签订租赁合同,侵犯了王某的优先承租权,王某可要求其赔偿损失。

【法官解读】

这些年,随着房价及租金的迅速上涨,房屋承租人在房屋租赁关系中越发处于弱势地位,为了落实党中央提出的建立租购同权住房制度的要求,保护承租人的权益,促进住房租赁市场健康发展,《中华人民共和国民法典》首次将承租人的优先承租权明确写入法律。这意味着租赁双方无须经过事先约定,房屋承租人在租赁期间届满后直接依照法律规定,在同等条件下享有优先承租的权利,房屋出租人与承租人既不能在约定中排除该权利,也不能以合同未曾约定为由主张房屋承租人不享有优先承租权,切实保障了房屋承租人的权益。按照《中华人民共和国民法典》第七百三十四条的规定,如果房屋租赁合同即将到期,在同等条件下,房屋出租人不能拒绝将房屋再续租给承租人。

优先承租权的行使要注意两个要点,一是租赁期限届满,承租人主动行使优先承租权,即向出租人明确表示续租,否则,即使租赁关系仍然实质存在,双方也只是形成无固定期限的不定期租赁关系;二是以同等条件承租,为了保障相对人的利益,优先权必须在同等条件下才能行使,法定优先承租权也不例外。所谓同等条件是指优先承租权人承租出租人房屋时,其租赁条件与出租人和第三人达成的租赁条件相同,而不是以优于第三人的条件承租出租人的房屋,其中包括合同价格、价款履行方式、租赁期限及租金支付期限等,承租人行使该权利时续租的租赁条件应当与第三人的同等,这也是不影响出租人应有权益的保障。本案中,王某与陈某的租赁合同已经到期,但是因为王某继续支付租金,陈某也并未提出异议,按照法律规定,可视为双方默认继续履行合同,期限转为不定期,而陈某在未通知王某的前提下即与他人签订租赁合同,明显侵犯了其优先承租权,在这种情况下,承租人的优先承租权与第三人的租赁权产生冲突,若陈某最终选择将房屋出租给第三人,则侵犯了王某的法定优先承租权,应当承担赔偿责任。

【法条链接】

《中华人民共和国民法典》

第七百三十四条 租赁期限届满,承租人继续使用租赁物,出租人没有提出异议的,原租赁合同继续有效,但是租赁期限为不定期。

租赁期限届满,房屋承租人享有以同等条件优先承租的权利。

【特别提醒】

租赁期限届满,房屋承租人享有以同等条件优先承租的权利。侵害承租人优先承租权,需承担赔偿责任。

★ 承揽合同

49. 定作人可随时解除合同吗?

【情景模拟】

刘某某在镇中经营一家窗帘、床上用品销售店,专供他人定做窗帘以及床品,并且这家店在镇上已经开了十多年,一直口碑很好。王某某预计今年年底结婚,因此年初开始准备装修婚房,至六月时,婚房已装修完毕,尚需定做窗帘,听邻居介绍刘某某店中的窗帘品质很好,因此,王某某到刘某某店中表明自己需要定做窗帘。刘某某便与王某某签订了窗帘的定作合同,其中明确约定了定做窗帘的尺寸、材质、数量、价格以及在合同约定之后七天内送货上门安装,在双方多次还价的情况下,最终王某某同意了上述合同约定的内容。但在这之后,王某某到未婚妻老家去的时候,无意中听到别人闲聊时讲到,刘某某经常会在给别人做窗帘时偷换布料,已经有好多人发现是这样的情况了。听到此情况,王某某回家后心中一直不安,第二天早上便到刘某某的店中表示自己想要解除合同,不需要刘某某再为自己做窗帘了。此时,刘某某能否答应王某某的请求? 王某某能否在刘某某尚未完成窗帘定作之前随时解除合同?

【权威观点】

定作人可以在承揽人尚未完成工作前随时解除合同。王某某作为窗帘定作人,有权在承揽人刘某某将窗帘做好送来前随时提出解除合同。但是若王某某任意解除合同对刘某某造成损失时,应当向其赔偿造成的损失。

【法官解读】

为了保障当事人的自由,对于基于双方信赖订立的合同,法律允许一方或者双方行使任意解除权。承揽合同作为此种显著的情形,一旦定作人失去了对承揽人的信赖,或者认为自己已经不需要该定作物品,承揽人的行为已无意义时,定作人可以随时解除承揽合同。所谓任意解除权,也叫作随时解除权,是指合同一方或双方可以不需要任何理由直接无条件地解除已经成立了的合同。一般而言,承揽合同是定作人为满足自己的特殊需求而和承揽人约定的,由其根据自己的指示和要求进行工作的合同。因此,如果合同成立后发生了某些事使得定作人不再需要承揽人完成该份工作,此时,为了保护定作人的利益不至浪费,资源不至浪费,也为了减损给承揽人造成的损失,允许定作人解除合同,并对承揽人损失进行赔偿是较为合理的。定作人解除权的行使应当遵循如下条件。

首先,定作人一定要在承揽人完成工作以前解除合同。定作人的解除合同自由不是毫无限制的,而应当在规定或约定的期限内行使,期满未行使的该权利则消灭。之所以如此规定是因为一旦承揽人完成了定作人的要求,将定做的东西完成了,此时如果再允许定作人随意解除显然会损害无辜的承揽人的利益。其次,定作人解除合同时一定要通知承揽人。承揽合同从通知到达承揽人时就解除,此处的通知到达既可以是口头通知被承揽人知道,也可以是承揽人收到或应当收到书面通知。总的来说就是,一定要确保定作人自己解除合同的意思能够被承揽人所知道。最后,当定作人解除合同时对承揽人造成了损失的,应当对其赔偿。当合同成立之后,通常承揽人都会开始着手准备工作,并为工作的完成支出相关费用,此时定作人突然地一句解除合同势必会给承揽人带去损失。因此为了保障公平,定作人应当支付承揽人为完成之前的工作而支出的诸如材料费或人工费等损失。

在本案中,定作人王某某因为对承揽人刘某某不再信任,因此想解除合同,在刘某某尚未将窗帘做完时,王某某可以向刘某某表示自己解除承揽合同的意思,当刘某某接收到王某某解除合同的意思时,该承揽合同即立即解除,刘某某无须再为王某某工作。对于之前刘某某已经完成的部分,有权要求王某某支付报酬,对使用了的材料,也有权要求王某某赔偿。

【法条链接】

《中华人民共和国民法典》

第七百八十七条　定作人在承揽人完成工作前可以随时解除合同,造成承揽人损失的,应当赔偿损失。

【特别提醒】

定作人虽享有任意解除权,但法律为定作人也规定了诸多的限制条件,因此行使需谨慎。同时,一旦决定解除合同应尽早通知承揽人,以避免无谓的资源浪费和财产损耗。

★建设工程合同

50. 挂靠施工的个人有权要求建设方支付工程款吗?

【情景模拟】

甲公司与甲公司签订了一份建设工程施工合同,约定由乙公司承建甲公司开发的"天健园"小区 1#、2#、3#楼的土建和水电安装工程,工程造价按江西省 2004 年定额计算。公司按照乙公司每月实际完成工程造价的 80% 支付工程进度款,自竣工验收合格之日起 15 日内,甲公司必须支付已完工工程造价的 95%,另 5% 作为工程质保金。乙公司委派李某为该工程的项目经理,负责施工管理。甲公司与乙公司在合同上签章,李某作为乙公司的委托代理人签字。李某与乙公司另签订了一份《内部施工合同》,约定乙公司承建的甲公司的工程,由李某自筹资金、自主组织施工、独立核算、自负盈亏,甲公司将工程款汇入乙公司账户后,由乙公司按所收款项的 3% 预留管理费后支付给李某。之后,李某组织人员进场施工,并按期完工。施工过程中,甲公司已支付工程款 3000 万元,另因 1# 楼电力安装工程质量不合格已支出修复费用 200 万元。之后,工程质量经验收合格。李某请求甲公司支付剩余工程款,甲公司辩称李某不是其合同相对人,拒绝支付剩余工程款。李某诉至法院,请求判令甲公司支付工程款 2000 万元,并称其是甲公司指定的施工方,由于没有施工资质,故经三方协商由其挂靠现代公司施工。甲公司认可其在签订合同时知道李某挂靠乙公司的事实。审理过程中,经鉴定,工程总造价 5000 万元。挂靠施工的个人有权要求建设方支付工程款吗?

【权威观点】

　　无资质的自然人挂靠有资质的施工单位承建工程,其与挂靠方和发包方签订的施工合同均无效。建设工程施工合同无效,但是建设工程经验收合格的,可以参照合同关于工程价款的约定折价补偿。本案建设工程经修复验收合格,发包人应支付工程价款。甲公司在签订合同时明知李某挂靠乙公司施工,乙公司为名义上的施工方,李某为实际施工人。李某有权请求甲公司支付工程价款。

【法官解读】

　　(一)借用资质的施工合同无效。

　　建设工程的工程质量关系人民群众的生命安全和社会公共利益,因此,从事建设工程施工须取得相应的施工资质。自然人没有施工资质。无资质的自然人借用有资质的施工单位的名义施工的,俗称"挂靠",挂靠施工的,施工合同无效。本案中,李某为没有施工资质的自然人。乙公司与李某之间是挂靠关系。因此,李某与乙公司签订的《内部施工合同》以及甲公司与乙公司签订的建设工程施工合同,均无效。

(二)实际施工人有权向发包人主张工程款。

虽然甲公司与乙公司签订了建设工程施工合同,但这份合同并没有实际履行,且双方在签订合同时,均明知是李某借用乙公司的名义与其签订合同,李某是实际施工人,现代公司不是真正的施工人。因此,李某有权直接向甲公司主张工程款。

(三)建设工程施工合同无效,建设工程经验收合格的,可参照合同约定计算折价补偿款。

虽然建设工程施工合同无效,但实际施工人施工后投入了大量的人力、物力,其投入的人力、物力已经转化为工程。如果建设工程质量合格,不会损害人民群众生命安全和公共利益。且发包人取得了工程的价值,如果不对施工方给予补偿,违反公平原则。《中华人民共和国民法典》第七百九十三条规定:"建设工程施工合同无效,但是建设工程经验收合格的,可以参照合同关于工程价款的约定折价补偿承包人。"因此,在施工合同无效时,对于已完工且经验收合格的工程,可参照合同约定计算工程造价,并在此基础上计算发包人应支付补偿款的数额。本案中,工程造价5000万元,已经支付3000万元,尚欠2000万元。但是,因工程质量不合格支付了修复费用200万元,该项修复费用应由施工方承担。因此,尚欠的补偿款金额为1800万元。

【法条链接】

《中华人民共和国民法典》

第七百九十三条　建设工程施工合同无效,但是建设工程经验收合格的,可以参照合同关于工程价款的约定折价补偿承包人。

建设工程施工合同无效,且建设工程经验收不合格的,按照以下情形处理:

(一)修复后的建设工程经验收合格的,发包人可以请求承包人承担修复费用;

(二)修复后的建设工程经验收不合格的,承包人无权请求参照合同关于工程价款的约定折价补偿。

发包人对因建设工程不合格造成的损失有过错的,应当承担相应的责任。

【特别提醒】

挂靠施工合同无效,施工时确保工程质量合格方能取得工程款。

★ 运输合同

51. 列车晚点,承运人要负赔偿责任吗?

【情景模拟】

2019 年 1 月 13 日,王某某以 32.5 元购买了一张 8 点 30 分由郑州站到商丘站的 K8004 次列车硬座车票,1 月 13 日 8 点 20 分王某某从郑州车站检票进站,并乘上该次列车,郑州局公司所属郑州客运段为 K8004 次列车承运人。8 点 21 分承担该次列车牵引任务的机车出现了无法向车辆供电的情况,因此需要修理并更换机车,致使直到 9 点 32 分才恢复供电,而 K8004 次列车也晚点至 10 点 05 分开车。在此期间,车厢内无暖气和热水供应,94 名旅客在郑州站售票窗口办理退票,13 人办理改签,王某某选择在车厢内等候至发车,并继续乘坐 K8004 次列车到达商丘站。此时,到站后作为乘客的王某某能不能请求郑州局公司向自己承担晚点的赔偿责任?

【权威观点】

王某某与郑州局公司之间成立合法有效的铁路运输合同,郑州局公司有义务将王某某准时送达,在牵引机车发生故障时,承运人应当将乘客妥善安置并依其要求改签或退票,造成乘客损失的还应承担赔偿责任。在延迟发车情况下,王某某仍等待该车辆表明其愿意继续履行开车时间已发生变动的运输合同,故王某某不能要求郑州局公司承担赔偿责任。

【法官解读】

运输合同是承运人将旅客或货物从起运点运输至约定地点,并由旅客或者收货人支付票价或运输费用的合同。一旦乘客购买了车票,在乘客与运输公司之间即成立了运输合同,乘客支付车票价格是他的义务,对作为承运人的铁路公司而言,其最大的义务在于将每一位乘客安全、准时的送达约定地点。列车晚点实际上属于铁路部门未严格按照合同履行义务,也即我们常说的违约行为,承运人需要承担相应的违约责任。

　　作为承运人应当及时履行重要事项及时告知义务。这项义务对乘客来说通常是很关键的。在车辆发生晚点的情况下,承运人的此项告知义务则更加重要,因为此种情况会严重影响到乘客的切身利益,甚至致其造成重大损失,是故法律要求承运人必须履行及时告知提醒的义务,若是未告知又造成了旅客损失,旅客可以要求承运人对自己承担赔偿责任。一般来说,在列车发生晚点的情况下,承运人都会告知旅客,旅客此时有权选择是更换车次或是退票,也可以选择等待该辆晚点列车的到来。在前两种情形下,旅客与承运人不再需要履行原来的运输合同,而在后一种情形下,视为旅客自愿将自己原本的合同变更成了另一个时间的合同,合同尚有待履行。

　　当然并非所有晚点情况下都可要求承运人赔偿。事实上,大部分晚点情况都是由于不可抗力情形导致的,对此,承运人是不需要承担赔偿责任的。在本案中,王某某与郑州局公司出于自己的真实意思订立了铁路旅客运输合同,郑州局公司有义务在车票时间内将乘客送至到达地点。由于牵引机车出现故障导致迟延运输,此种情况并不属于承运人无法预见并且无法避免的情况,此时由于火车晚点对旅客造成损失的,旅客可以要求承运人赔偿。但在本案中,由于王某某并未退票也没有选择换票,而是选择了静静等待晚点列车的开动,此时应当视为王某某与郑州局公司之间对合同的履行时间达成了一致的变更协议。因此王某某不能再要求郑州局公司向自己承担赔偿责任。

【法条链接】

《中华人民共和国民法典》

　　第八百二十条　承运人应当按照有效客票记载的时间、班次和座位号运输旅客。承运人迟延运输或者有其他不能正常运输情形的,应当及时告知和提醒旅客,采取必要的安置措施,并根据旅客的要求安排改乘其他班次或者退票;由此造成旅客损失的,承运人应当承担赔偿责任,但是不可归责于承运人的除外。

【特别提醒】

在日常出行过程中,列车晚点时常发生,此时乘客们首先应保持良好的心态,冷静下来,及时前往售票窗口沟通退票或换票,确保能够拿回全部的票价或在原票基础上适当增减金额从而换另一趟车,同时应当及时查询线路及票务信息,以免造成后续出行不便。

52. 旅客在乘车过程中受伤,承运人是否有赔偿责任?

【情景模拟】

2014 年 1 月 12 日,张某乘坐某公共交通公司管理的公交车,从该县城南汽车站准备前往城北购买一些蔬菜种子用于菜地耕种。下午 14 时 50 分许,公交车停靠在新南门公交站时,公交车司机打开车门后,张某被拥挤的人群挤出公交车,摔倒在公路边,张某痛得直呼请人帮忙打 120,同车的好心人李某见张某痛得嗷嗷直叫,连忙拨打 120 将其送至该县人民医院。

张某住院治疗后,医生诊断张某为右胫骨中段骨折、右腓骨粉碎性骨折(医疗术语),张某 1 月 12 日住院,2014 年 2 月 12 日出院,共支付医疗费 15339.21 元,出院医生医嘱为:右下肢避免负重 3 个月,定期复查;院外继续给予活血化瘀,促进骨愈合治疗等。

后张某的伤情经某司法鉴定中心鉴定,鉴定结果为:右下肢损伤评定为 10 级伤残,后续医疗费用评估为 11000 元,误工损失总日数评定为 135 日,护理期评定为 90 日。张某有权向某公共交通公司索取赔偿吗? 法院会支持他的诉求吗?

【权威观点】

张某在公交车上支付乘车费后乘坐公交车,即与管理该公交车的某公共交通公司形成合法有效的旅客运输合同。某公共交通公司作为承运人,负有将乘客安全地送到目的地的义务。张某在乘车途中因被挤出车外而受伤,某公共交通公司也并未提供证据证明原告的受伤是因其自身健康原因或故意、重大过失造成的,故,张某有权要求该公共交通公司赔偿。

【法官解读】

随着社会经济发展速度的不断提升,交通运输行为对于高速和安全的需求愈加强烈,在速度和安全之间,存在对立统一的关系。因此,保障旅客在运输途中的安全也就成了承运人最大的义务。

在旅客运输活动中,应当实行无过错责任制度,即承运人即使在没有过错的情况下,也应当承担损害赔偿责任。无过错责任原则,也叫无过失责任原则,是指没有过错造成他人损害的依法律规定应由与造成损害原因有关的人承担民事责任的确认责任的准则。这是基于以下几点原因:1. 在整个旅客运输活动中,旅客所受到的大多数损害,一般都与承运人的运输行为有关,或者由承运人的作为或不作为造成,或者由承运人未尽管理职责而间接造成。在有些情况下,并不是承运人违约或者侵权造成旅客伤害,如旅客乘火车旅行途中被车外人掷石头击伤。此时承运人仍应当承担赔偿责任,这是法律保护旅客人身安全利益,而赋予承运人的一项责任或义务。2. 在旅客运输中,应当强调对旅客人身生命安全的特别保护,而对承运人实行无过错责任制度,可以有效地保护旅客的人身安全,促使承运人采取各种措施保护旅客的安全。3. 在现代运输业中,运输活动的公用性和独占特点以及国家的全面干预,要求承运人实行无过错责任制度。同时由于运输保险业的发展,运输风险大为分散,这就为承运人实行无过错责任制度奠定了基础。4. 各国运输法对承运人责任制度的规定各不相同,但在现代经济条件下,无过错责任制度已成为旅客运输合同中的基本取向。

法律在对旅客实行严格保护的同时,也为承运人的利益提供了保护。在以下两种情况下,承运人可以免除责任:

1. 旅客的故意或者重大过失。比如旅客自己寻短见从火车上跳车自杀的,承运人就不承担赔偿责任。值得注意的是只有旅客有故意或重大过失的情况下,承运人才可以免责;如果旅客对伤亡的造成只有一般过失,承运人仍应当负赔偿责任。同时免责事由应当由承运人举证。

2. 旅客自身健康原因造成的伤亡。如旅客在运输途中突发重病而死亡的。

具体到本案中,张某在付费上车后即与公交公司成立了客运合同,此时,交通公司有义务安全及时地将承运人张某送至到达地点,在运输途中造成损害时公共交通公司应当承担相应的证明责任,否则将要对乘客的损失进行赔偿。

【法条链接】

《中华人民共和国民法典》

第八百二十三条　承运人应当对运输过程中旅客的伤亡承担赔偿责任;但是,伤亡是旅客自身健康原因造成的或者承运人证明伤亡是旅客故意、重大过失造成的除外。

前款规定适用于按照规定免票、持优待票或者经承运人许可搭乘的无票旅客。

【特别提醒】

乘坐交通运输工具时,当人身受到伤害时,应保存好车票和住院治疗的发票等,积极主动地通过法律途径来保护自己的合法权利。

53. 行李托运过程中毁损的损失由谁承担?

【情景模拟】

2019年2月15日,王某准备从天津前往广州打工,在天津站购买了一张到广州的硬座火车票。检票上车后,王某找到自己的座位后将随身携带的一个较重的箱子放在座位上方的行李架上。火车一直处于正常行进状态,火车司机忽然发现前方有村民横跨铁路于是拉下紧急制动闸刹车,于是车厢出现摇摆晃动,使王某的箱子掉到了地板上摔坏了。王某急忙去找列车长,告知其箱子摔坏的事实。列车长说是由于他人的原因导致列车紧急制动,铁路部门没有责任,此时王某能不能要求铁路部门赔偿自己箱子的损失？

【权威观点】

承运人在与旅客订立了客运合同后，除了保证将旅客安全运送到目的地外，还必须保证旅客随身携带的行李的安全，如果行李物品在运输过程中发生毁损、灭失的，在承运人有过错时，要承担相应的赔偿责任。该列车长的说法并不能构成承运方的免责事由，故铁路部门应对王某行李的损坏承担责任。

【法官解读】

严格上来说，行李的运输属于货物运输，应受货运合同调整。但通常旅客都会自己随身携带一部分行李物品，所以习惯上把旅客随身携带的这部分行李的运输划入到旅客运输的范围，使其受客运合同的调整。此时，承运人不仅要保证旅客的人身安全，而且还要保证旅客随身携带的行李物品的安全。所以如果由于承运人或其雇佣人员的过错导致旅客随身携带的行李毁损、灭失的，则承运人要承担相应的损害赔偿责任。但另一方面而言，该部分行李物品毕竟是处于旅客自己的控制之下，而不是处于承运人的保管之下，所以在货物毁损、灭失时，只有在承运人或其雇佣人员有过错时，才承担责任，否则承运人不必承担赔偿责任。对于承运人是否存在过错的认定，应当采用过错推定原则。因为在旅客运输合同中，对于旅客随身携带的行李在运输过程中发生毁损、灭失的，如果由旅客举证证明承运人对行李的损害有过错，显然相当困难，也有失公平。所以应当采用过错推定的原则，由承运人来举证证明自己没有过错，方可免责，否则就要承担相应的赔偿责任。

在本案中,王某购买了天津至广州的硬座车票,并且检票上车,由此王某与铁路部门的客运合同已经成立生效了。在客运合同生效后,承运人不仅要保证旅客的人身安全,还要保证旅客随身携带的行李物品的安全。在本案中,王某的行李毁损的直接原因是列车紧急制动导致车厢摇摆,使箱子掉了下来,从而造成了行李的最终毁损。承运人铁路运输部门并没能证明自己尽到了安全运送的义务,从而防止旅客的人身以及随身携带的物品遭受损失,即不能证明自己没有过错,所以其应当对旅客随身携带的行李的损失承担赔偿责任。

【法条链接】

《中华人民共和国民法典》

第八百三十二条　承运人对运输过程中货物的毁损、灭失承担赔偿责任。但是,承运人证明货物的毁损、灭失是因不可抗力、货物本身的自然性质或者合理损耗以及托运人、收货人的过错造成的,不承担赔偿责任。

第八百三十五条　货物在运输过程中因不可抗力灭失,未收取运费的,承运人不得请求支付运费;已经收取运费的,托运人可以请求返还。法律另有规定的,依照其规定。

【特别提醒】

在乘坐交通工具时,作为乘客,对于自己行李的保管,防患于未然才是首要,贵重物品应随身携带,超过规定限额,办理声明价值,行李最好标注个人标识,提高辨别性。当遇到行李损坏不要慌,保留好

车票及时与承运方沟通,并寻找合理合法的方式维护自己的正当
权利。

★ 保 管 合 同

54.免费寄存物品灭失,保管人应否赔偿?

【情景模拟】

"原来免费寄存的物品丢失后也能获得赔偿。"小毛在向战友讲
述维权经历时感叹道。2020年3月下旬,当成都军区某团二级士官
小毛回重庆老家探亲途中,将自己的一箱行李寄存在该县汽车站一
家物品存放处。该寄存处张贴告示规定,现役军人一律免费寄存物
品。于是,小毛向店主出示自己的士兵证后免费寄存了行李,随后便
去购买车票。

谁知,当小毛返回准备取行李时,店主却告知其行李已被一位自
称是小毛战友的人取走了。得知行李被人领走后,小毛要求店主赔
偿,店主却以行李是免费寄存为由拒绝赔偿小毛,小毛急得眼眶发
红。刚好目睹此事的律师小江当即帮助小毛向店主指出,根据我国
《中华人民共和国民法典》规定,从物品寄存之时开始,双方的合同关
系已经成立,保管期内,因保管人保管不善造成保管物毁损、灭失的,
保管人应当承担赔偿责任。然而店主根本不予理会。见此情况,小
江拨通了当地消费者权益保护热线。最终,在消协工作人员的调解
下,店主意识到自己的错误,向小毛道了歉,并给予了相应的赔偿。

小毛对律师小江的帮助表达了真诚的感谢。

【权威观点】

小毛在向店主交付自己的物品时,双方间的保管合同已成立,店主应当负有妥善保管物品的义务,当店主在保管过程中违反了其应尽的注意义务,对自己行为所造成的损害结果应当预见而没有预见时,其行为属于过失行为,故店主应对小毛的损失进行相应的赔偿。

【法官解读】

"在饭店消费,财物遗失店方概不负责","超市存包免责"……诸如此类的条款,恐怕许多消费者早已司空见惯。实际上,这些条款都是典型的霸王条款,不具备法律效力。对于商家一方提出的免责,不是任何情况下都能适用的。《中华人民共和国民法典》第八百九十七条规定:"保管期间,因保管人保管不善造成保管物毁损、灭失的,保管人应当承担损害赔偿责任;但保管是无偿的,保管人证明自己没有重大过失的,不承担损害赔偿责任。"据此,商家不负保管及赔偿责任需要同时具备两个条件:一是"保管是无偿的",二是"保管人证明自己没有重大过失"。

在本案例中,虽然该店对"现役军人一律免费",保管是无偿的,但店主在保管过程中违反了其应尽的注意义务,对自己行为所造成的损害结果应当预见而没有预见,其行为属于过失行为,违反了我国《中华人民共和国民法典》的规定,因而并不构成免责事由。由此可见,该店主应该承担保管责任,并承担因保管不善而给事主造成损害的赔偿责任。

此外,超市存包柜免费存包物品丢失的纠纷也时有发生。超市为顾客存包虽然是无偿的,但超市的营业所得利润中已包括为顾客保存物品而应由顾客支付的费用,这类保管合同实际上并非是无偿的,因此,超市对消费者寄存的物品,应尽到义务。这也充分体现了对消费者合法权益进行保护的规定。超市未尽该注意义务的,应当赔偿消费者因此造成的损失。

【法条链接】

《中华人民共和国民法典》

第八百九十七条 保管期内,因保管人保管不善造成保管物毁损、灭失的,保管人应当承担赔偿责任。但是,无偿保管人证明自己没有故意或者重大过失的,不承担赔偿责任。

第八百九十八条 寄存人寄存货币、有价证券或者其他贵重物品的,应当向保管人声明,由保管人验收或者封存;寄存人未声明的,该物品毁损、灭失后,保管人可以按照一般物品予以赔偿。

第八百九十九条 寄存人可以随时领取保管物。

当事人对保管期限没有约定或者约定不明确的,保管人可以随时请求寄存人领取保管物;约定保管期限的,保管人无特别事由,不得请求寄存人提前领取保管物。

【特别提醒】

旅客出门在外要注意保管好自己随身携带的行李,如果需要寄存行李,一定要选择正规的寄存场所,保留好存取行李的凭据。需要寄存货币、有价证券或者其他贵重物品时,应当向保管人声明,由保管人进行验收或者封存。

★ 委托合同

55. 受托人以自己的名义在委托人授权范围内与他人签订的合同，应由委托人还是受托人履行？

【情景模拟】

兰某与廖某是同一个村出来的老乡，共同来到某市打拼，兰某开办了一家建筑工程公司。某日，兰某因外出出差，委托老乡廖某与某公司洽谈业务，并授权廖某有以自己名义订立合同的权利，该公司也知道廖某系受兰某的委托，当双方谈判结束订立合同时，廖某以自己的名义与该公司订立了合同，后该合同发生纠纷，公司找到兰某，兰某称合同是其自己以廖某的名义订立的，与其无关，双方因此发生争执。后该公司诉诸法院。廖某以自己的名义与该公司订立的该合同应由兰某还是由廖某来履行？

【权威观点】

受托人廖某以自己的名义，在委托人兰某的授权范围内与第三人订立合同，且第三人在订立合同时知道受托人廖某与委托人兰某之间的代理关系，该合同直接约束委托人兰某，应由兰某来履行。

【法官解读】

委托合同会产生代理关系。代理关系是指一方委托另一方在其授权范围内代表自己以自己的名义从事某些活动,此类活动的法律后果都直接归属于委托人,受托人是不承担直接的责任的。在许多国家的代理规定中,都允许在一定的条件下,受托人以自己的名义从事活动,其活动后果直接由委托人承担。我国在对外开放过程中,因外贸经营权等原因,也出现受托人以自己的名义从事贸易代理活动。根据代理制度的原理,适应经济贸易中有关代理的不同要求,兼顾委托人、受托人以及第三人的合法权益,合同法借鉴国际公约的有关规定,对本条以及委托人的介入权、第三人的选择权作出了规定。

在本案中,作为受托人的廖某并未直接以作为被代理人的兰某的名义从事活动,而是以自己的名义与第三人为交易行为,此时,由于第三人是明确知道兰某与廖某之间的委托代理合同关系的,所以廖某签订的合同可以直接约束委托人兰某。

【法条链接】

《中华人民共和国民法典》

第九百二十五条 受托人以自己的名义,在委托人的授权范围内与第三人订立的合同,第三人在订立合同时知道受托人与委托人之间的代理关系的,该合同直接约束委托人和第三人;但是,有确切证据证明该合同只约束受托人和第三人的除外。

第九百二十六条 受托人以自己的名义与第三人订立合同时,第三人不知道受托人与委托人之间的代理关系的,受托人因第三人的原因对委托人不履行义务,受托人应当向委托人披露第三人,委托人因此可以行使受托人对第三人的权利。但是,第三人与受托人订立合同时如果知道该委托人就不会订立合同的除外。

受托人因委托人的原因对第三人不履行义务,受托人应当向第三人披露委托人,第三人因此可以选择受托人或者委托人作为相对人主张其权利,但是第三人不得变更选定的相对人。

委托人行使受托人对第三人的权利的,第三人可以向委托人主张其对受托人的抗辩。第三人选定委托人作为其相对人的,委托人可以向第三人主张其对受托人的抗辩以及受托人对第三人的抗辩。

【特别提醒】

订立合同时,应注意合同相对方的身份问题,及时核实对方的身份证及授权委托书等。当非合同相对方来签订合同时,应注意其以什么名义来签订合同。

56.委托合同是否可以随时解除,解除后应否承担赔偿责任?

【情景模拟】

刘某在外务工期间,因工伤在医院住院。住院期间,某某律所的马律师为推销服务,向刘某提供了个人名片。此后,刘某打电话联系马律师,并通过电话微信方式咨询其工伤待遇问题。后马律师向刘某发送微信定位,告知其前往某某律师事务所,马律师将在该地点与其商谈并办理委托律师代理事项。

经商谈,某某律所与刘某签订《委托代理合同》,约定甲方为刘某,乙方为某某律所,乙方同意接受甲方委托,根据甲方意愿指派马律师参加刘某与宝务公司"工伤待遇纠纷一案的工伤认定、仲裁、诉讼、执行活动"。同时,合同约定了刘某交纳费用的方式与具体数额。合同一式两份,甲、乙方各执一份,自甲方签字(甲方为自然人)盖章(甲方为单位)、乙方盖章后生效。

《委托代理合同》签订后,马律师作为刘某的委托代理人参与了刘某的工伤认定、劳动功能伤残鉴定相关事宜。但在案件进行到诉讼阶段,马律师经常消极怠工、不积极为刘某主张权利、调查证据。于是,刘某决定单方面解除该《委托代理合同》,但未提前告知马律师,造成马律师不必要的差旅费与误工损失。马律师将刘某诉至法院,要求其赔偿损失。

【权威观点】

委托代理合同中,委托人或者受托人可以随时解除委托合同。因解除合同造成对方损失的,除不可归责于该当事人的事由外,有偿委托合同的解除方应当赔偿对方的直接损失和合同履行后可以获得的利益。在本案中,刘某单方面解除委托代理合同的行为是有法律效力的,但因其未提前通知,应该赔偿马某相应的差旅费与其他损失。

【法官解读】

委托合同,又称"委任合同",是指受托人以委托人的名义和费用为委托人办理委托事务,而委托人则按约支付报酬的协议。在委托合同中,受托人在委托权限内与第三人所为的交易行为或其他活动的后果完全由委托人承担。

委托合同的法律特征主要有以下方面:1. 委托合同建立在委托人和受托人的相互信任的基础上。二者之所以愿意相互委托或接受委托主要就在于对对方有足够的了解和信任。2. 委托合同的标的是处理委托的事务。委托合同一般而言是提供劳务的合同,此种劳务就体现为委托人从事委托的事务。3. 受托人以委托人的名义和费用处理委托事务。除法律另有规定以外,受托人处理事务都应当以委托人的名义和费用进行,由此产生的后果也直接归属于委托人承受。4. 委托合同既可以是有偿的,也可以是无偿的。是否有偿是由当事人双方自行约定的。

《中华人民共和国民法典》第九百三十三条规定,委托人或者受托人可以随时解除委托合同。因解除合同造成对方损失的,除不可归责于该当事人的事由外,无偿委托合同的解除方应当赔偿因解除时间不当造成的直接损失,有偿委托合同的解除方应当赔偿对方的直接损失和合同履行后可以获得的利益。这一规定赋予了委托合同当事人对于双方缔结的委托合同享有任意解除权。但是,当事人行使任意解除权给对方造成损失的,应当承担赔偿责任。

当事人解除合同后,当事人的损失包括直接损失和间接损失,直接损失是指现有利益的减少,间接损失是指合同履行后可以获得的利益未获得(即可得利益损失)。委托合同当事人行使任意解除权后,赔偿数额应当包括对方当事人的现有利益的减少与可得利益损失。

在本案中,刘某与马律师之间成立了委托合同,双方均可以对该委托合同随时解除,所以刘某在看到马某消极怠工的情况下有权直接向其发出解除合同的通知,但是由于刘某并未提前向马律师通知而导致其产生了不必要的费用,因此对于该笔费用刘某应当予以赔偿。

【法条链接】

《中华人民共和国民法典》

第九百三十三条　委托人或者受托人可以随时解除委托合同。因解除合同造成对方损失的,除不可归责于该当事人的事由外,无偿委托合同的解除方应当赔偿因解除时间不当造成的直接损失,有偿委托合同的解除方应当赔偿对方的直接损失和合同履行后可以获得的利益。

【特别提醒】

委托代理在生活中很常见,无论作为委托人或者受托人都可以通过单方解除权维护自己的权利,但是应注意相应的法律上的义务,如提前通知等。

★物业服务合同

57.房屋漏水,业主有权拒交物业费吗?

【情景模拟】

某村村民田某在某小区购买了一套商品房。2011 年 6 月,田某(甲方)与物业公司(乙方)签订了《前期物业服务协议》,约定田某房屋建筑面积 130 平方米,按照每月 1.3 元每平方米交纳物业费。物业公司为涉诉小区提供了物业管理服务,但田某未交纳 2018 年 3 月至 2019 年 12 月期间的物业费。田某拒交物业服务费的理由是:其房屋漏水导致墙壁发霉,房屋的墙壁有裂缝,物业公司员工上门查看后说会联系开发商,但一直没答复,田某再次询问物业公司员工时,物业公司工作人员称开发商已经搬走了,物业公司员工无法联系,请田某自己找开发商解决房屋质量问题。田某因多次向物业公司寻求解决未果而拒绝交纳物业费。物业公司多次催告田某在收到通知后七日内交纳物业费,田某仍然拒交。2020 年 3 月,物业公司遂提起诉讼要求田某支付物业费及违约金。田某以物业公司未为其解决房屋漏水问题为由拒绝交纳。房屋漏水,业主有权拒交物业费吗?

【权威观点】

业主与物业公司之间为物业服务合同关系,物业公司按照物业合同的约定提供了物业服务,业主就应依照约定交纳物业服务费。业主与房屋开发商之间为买卖合同关系,房屋存在质量问题,实际上是房屋开发商没有履行完房屋买卖合同约定的义务,对于房屋质量问题应找开发商承担修复等违约责任。因此,房屋质量有问题不能成为业主拒交物业费的理由。

【法官解读】

(一)物业服务人的服务事项和业主的缴费义务。

物业服务合同的内容是物业服务人提供约定的服务,业主支付约定的物业管理费。物业服务人的服务事项和服务范围,可通过双方签订的物业服务合同来明确。一般而言,物业服务人的服务事项如下:1. 在物业服务区域内对建筑物和附属设施进行维修养护,对环境卫生进行管理维护,包括物业共用部位的维护与管理、物业共用设备设施及其运行的维护与管理、环境卫生绿化管理服务、专项维修资金的代管服务、物业档案资料的管理等。2. 在物业区域内对业主和相关人员的行为进行管理,防止对建筑物不当装修、妨碍业主生活秩序等,避免危害公共安全、卫生和安宁。根据《中华人民共和国民法典》第九百四十四条的规定,物业服务人依约履行了服务义务,业主就负有交纳物业费的义务。只有物业服务人在提供物业服务的过程中存在违约情形,即其未履行合同所约定的物业服务义务,业主才有权拒交物业费。

(二)业主专有部分的房屋质量问题不属物业服务公司负责事项。

业主与物业公司之间为物业服务合同法律关系,业主与开发商之间为买卖合同法律关系。根据业主与开发商签订的房屋买卖合同,开发商负有向业主交付质量合格的房屋的义务。开发商向业主交房时也应提供房屋质量合格证明。房屋质量不合格的,开发商负有修复义务。业主房屋外面的公共部分发生问题,物业公司有义务进行维修,但对于业主房屋内部出现的问题,则不在物业公司提供物业服务的范围。因此,田某房屋漏水的问题应依据买卖合同找开发商解决,物业公司没有修复田某房屋的义务,田某依法应向物业公司交纳欠缴的物业费。田某违反约定逾期不支付物业费,物业公司可以催告其在合理期限内支付,田某在合理期限届满仍不支付,物业公司可以提起诉讼请求法院判令其交付物业费和违约金。

【法条链接】

《中华人民共和国民法典》

第九百四十四条 业主应当按照约定向物业服务人支付物业费。物业服务人已经按照约定和有关规定提供服务的,业主不得以未接受或者无须接受相关物业服务为由拒绝支付物业费。

业主违反约定逾期不支付物业费的,物业服务人可以催告其在合理期限内支付;合理期限届满仍不支付的,物业服务人可以提起诉讼或者申请仲裁。

物业服务人不得采取停止供电、供水、供热、供燃气等方式催交物业费。

【特别提醒】

业主应正确区分开发商和物业公司的责任,向正确的责任主体主张权利。

58. 露台改建玻璃房,物业服务人有权制止吗?

【情景模拟】

2018 年 3 月 26 日,某房地产公司将其开发的某小区委托给物业公司进行前期物业管理,2018 年 4 月 1 日,村民刘某购买了该小区一带露台的房屋,并于 2018 年 4 月 7 日收房。同日,刘某与物业公司签订了《房屋装饰装修管理协议》,约定禁止刘某在阳台或露台安装防盗网或以其他形式封闭阳台(如需安装防盗网,只能选用隐形防盗网),物业公司同时向刘某发出装修特别提示和业主户内窗户、阳台推拉门防护安装规定等。2018 年 5 月 25 日,刘某向物业公司提交了《二次装修申请表》,并签订了《承诺函》,承诺不以任何形式封闭阳台、露台,但刘某在对露台装修时采用了可封闭性玻璃,将其改建成玻璃房。经物业公司劝阻无效后,物业公司委托律师于 2018 年 9 月 26 日、9 月 30 日两次向刘某发出限期恢复原状的律师函,均未果,故物业公司诉至法院,请求判令刘某拆除玻璃房并将露台恢复原状。刘某称房屋归其所有,怎么装修自己说了算,物业公司无权干预。露台改建玻璃房,物业服务人有权制止吗?

【权威观点】

物业公司与业主签订的《房屋装饰装修管理协议》合法有效,业主应当自觉遵守合同约定。物业公司作为物业服务人,对其管理的物业服务区域内违反有关治安、消防、环保等有关法律法规的行为,有权采取制止措施。刘某将露台改造成玻璃房不仅违反了其与物业公司签订的合同,也违反了建设部《住宅装饰装修管理办法》关于未经批准不得搭建建筑物的规定,物业公司有权制止。

【法官解读】

(一)业主应遵守其与物业公司签订的装饰装修协议。

物业公司受房地产开发商的委托管理案涉小区,其已依法取得案涉小区的物业管理权。在物业公司行使管理职责期间,刘某与物业公司签订的《房屋装饰装修管理协议》系双方真实意思表示,且未违反相关法律规定,合法有效,双方均应依照合同约定履行。刘某与物业公司签订的《房屋装饰装修管理协议》约定禁止刘某在阳台或露台安装防盗网或以其他形式封闭阳台(如需安装防盗网,只能选用隐形防盗网),刘某在对露台装修时采用了可封闭性玻璃,违反了该协议中关于装修的禁止性规定。

(二)业主应遵守国家关于住宅室内装修管理的规定。

虽然案涉房屋的所有权归属于刘某,露台是其私有房屋的配套空间,属于其私有财产,但并不意味着其可以任意处置。装饰装修行为涉及工程质量和安全,不仅关涉业主自己的权利,还关涉其他业主的利益。为此,建设部的《住宅室内装饰装修管理办法》对业主的装饰装修行为作出了一些禁止性规定。如《住宅室内装饰装修管理办法》第六条规定:"装修人从事住宅室内装饰装修活动,未经批准,不得有下列行为:(一)搭建建筑物、构筑物;(二)改变住宅外立面,在非承重外墙上开门、窗;(三)拆改供暖管道和设施;(四)拆改燃气管道和设施。本条所列第(一)项、第(二)项行为,应当经城市规划行政主管部门批准;第(三)项行为,应当经供暖管理单位批准;第(四)项行为应当经燃气管理单位批准。"露台也是房屋的外墙立面,任何人不能随便改变已合法建筑好的外墙立面。将露台改为玻璃房,相当于在露台上搭建了建筑物。因此,刘某将露台改为玻璃房的行为违反了建设部的《住宅装饰装修管理办法》中关于禁止改变住宅外立面和搭建建筑物的规定。根据《中华人民共和国民法典》第九百四十二条第二款规定,物业公司依约履行管理职责,有权对刘某的行为进行制止。

【法条链接】

《中华人民共和国民法典》

第九百四十二条　物业服务人应当按照约定和物业的使用性质,妥善维修、养护、清洁、绿化和经营管理物业服务区域内的业主共有部分,维护物业服务区域内的基本秩序,采取合理措施保护业主的人身、财产安全。

对物业服务区域内违反有关治安、环保、消防等法律法规的行为,物业服务人应当及时采取合理措施制止、向有关行政主管部门报告并协助处理。

第九百四十五条　业主装饰装修房屋的,应当事先告知物业服务人,遵守物业服务人提示的合理注意事项,并配合其进行必要的现场检查。

业主转让、出租物业专有部分、设立居住权或者依法改变共有部分用途的,应当及时将相关情况告知物业服务人。

【特别提醒】

装饰装修房屋应严格遵守与物业服务人签订的协议,不得违反国家行政主管部门关于住宅室内装饰装修管理的规定。违反约定和国家规定,物业服务人有权制止。

59. 物业服务合同终止,原物业服务人不办交接手续,业主如何维权?

【情景模拟】

2015 年 7 月 21 日,甲物业公司与某房地产开发公司签订前期物业管理服务协议,由甲物业公司对某小区实施物业管理服务,合同期限自 2015 年 7 月 21 日至 2018 年 7 月 20 日。2018 年 3 月 16 日,该小区所在镇政府根据某小区筹备设立业主委员会的申请,作出同意筹备设立业主委员会的批复。2018 年 3 月 30 日,该小区召开业主大会,选举成立某小区业主委员会,且小区所在镇政府批复认可全体业主选举产生业主委员会程序符合相关规定,选举结果有效,小区业主委员会遂向房地产管理局登记备案。2018 年 6 月 1 日,小区业主委员会发出通知,不再要求甲物业公司提供物业服务,并附有全体业主签字。同日,小区业主委员会与乙物业公司签订了物业服务合同,约定合同自当日生效。2018 年 6 月 30 日,小区业主委员会向甲物业公司发出通知,并送达其工作人员,要求终止前期物业合同,三天内撤离小区,并移交物业用房及相关资料。但甲物业公司认为其与小区业主签订的系正式物业合同,不是前期物业合同,且还有部分业主尚欠物业费,拒不办理交接手续。双方多次协商无果,小区业主委员会诉至法院。物业服务合同终止,原物业服务人不办交接手续,业主如何维权?

【权威观点】

物业建设单位与物业服务企业就前期物业管理达成的协议为前期物业服务合同,前期物业服务合同自业主委员会或者业主与新物业服务人订立的物业服务合同生效时终止。合同终止后,原物业服务人应及时退出物业服务区域并负有交接义务。原物业服务人违反该义务,业主委员会有权请求法院判令其退出物业服务区域并办理交接手续。

【法官解读】

(一)关于前期物业服务合同及其终止。前期物业服务合同是物业建设单位与物业服务企业就前期物业管理阶段双方的权利义务所达成的协议。由于物业的销售及业主入住是持续的过程,在物业入住初期,业主入住率尚未达到法规、条例规定的成立业主大会、业主委员会的标准,难以成立业主大会,也就难以通过业主大会、业主委员会选聘物业服务企业。因此,在小区入住初期,一般由物业建设单位与物业服务企业签订前期物业管理协议。案涉甲物业公司与某房地产开发公司签订的物业服务合同属于前期物业服务合同。

关于前期物业服务合同的终止,根据《中华人民共和国民法典》第九百四十条规定,建设单位依法与物业服务人订立的前期物业服务合同约定的服务期限届满前,业主委员会或者业主与新物业服务人订立的物业服务合同生效的,前期物业服务合同终止。即使前期物业服务合同的期限尚未届满,如果业主成立了业主大会,并由业主委员会选聘了新的物业服务人,签订了普通物业服务合同,自业主委员会与新的物业服务人签订的物业服务合同生效时,前期物业服务合同终止。本案中前期物业服务合同自 2018 年 6 月 1 日终止。

（二）物业服务合同终止后，物业服务企业负有交接义务。根据《中华人民共和国民法典》第九百四十九条规定，物业服务合同终止后，原物业服务人应及时退出物业服务区域，并负有交接义务。如果存在部分业主欠付物业费，原物业服务人可以通过法律途径请求欠付物业费的业主履行交纳物业费的义务，但不能免除原物业服务人的交接义务。原物业服务人拒不办理交接手续的，不得请求业主支付物业服务合同终止后的物业费，造成业主损失的，应当赔偿损失。业主委员会有权诉请法院判令原物业服务人退出物业服务区域并办理交接义务。

【法条链接】

《中华人民共和国民法典》

第九百四十条　建设单位依法与物业服务人订立的前期物业服务合同约定的服务期限届满前，业主委员会或者业主与新物业服务人订立的物业服务合同生效的，前期物业服务合同终止。

第九百四十九条　物业服务合同终止的，原物业服务人应当在约定期限或者合理期限内退出物业服务区域，将物业服务用房、相关设施、物业服务所必需的相关资料等交还给业主委员会、决定自行管理的业主或者其指定的人，配合新物业服务人做好交接工作，并如实告知物业的使用和管理状况。

原物业服务人违反前款规定的，不得请求业主支付物业服务合同终止后的物业费；造成业主损失的，应当赔偿损失。

【特别提醒】

物业服务合同终止,老物业公司应及时退出并办理交接手续。

★ 中介合同

60."跳单"应否向中介人支付报酬?

【情景模拟】

张某进城务工几年后,想在城里买一套房子,方便以后将孩子接到城里来上学。在购买房屋前,张某为寻求合适房源,与某中介公司签订了中介合同,约定房屋成交后,张某需按房屋成交总额的1.5%向中介公司支付中介费9000元。在中介合同中双方明确约定了"禁止跳单"的条款,即张某若获得了房屋信息后与卖家私下达成交易或通过其他中介公司达成交易,仍需支付中介费用并赔偿损失。合同签订后,该中介公司向张某提供了房源信息,带张某进行实地看房,约房屋所有人李某进行见面洽谈议价。与李某见面后,张某取得了李某联系方式。洽谈结束后,张某绕过房屋中介公司私下与该房源的所有人李某进行联系,并直接签订了买卖合同。中介公司得知后,认为张某违约,请求法院判令张某按协议约定支付相应的中介费。此时,中介公司的请求能不能得到法院的支持?

【权威观点】

在本案中,在买房过程中,张某在签订房屋中介合同后,选择绕过房屋中介公司私下与该房源的所有人李某进行联系,并直接签订了买卖合同,该行为违背了交易诚信,属于恶意"跳单"。鉴于张某确实享受了中介公司提供的房源信息、看房服务以及中介公司促使买卖双方见面洽谈等中介服务,张某应支付中介公司相应的中介服务费。

【法官解读】

房地产中介服务是最火的中介服务之一,衍生出来的法律纠纷不可小视,"跳单"就是其中之一。"跳单",又名"跳中介",指的是买受人或者出卖人已经与中介人签署了中介合同,例如预售确认书、委托求购协议或出卖协议,中介人已经按照协议履行了提供独家资源信息并促使买卖双方见面洽谈等促进交易的义务,但其中一方或者双方为了规避或减少按照协议约定履行向中介人交付中介费的义务,跳过中介人而私自签订买卖合同的行为。

购房是复杂的事情,其中二手房交易更是容易出现各种各样的风险,比如产权问题、房屋查验、资金安全、物业纠纷等等,如果没有专业的服务机构保驾护航,一旦发生问题,往往是损失巨大、追悔莫及。跳单不仅会打击认真工作的从业者的积极性,还会让房产交易风险更高,说它是行业恶性循环的助燃剂也不过分。在《中华人民共和国民法典》之前,对于"跳单"行为,法院主要根据《合同法》及双方合同约定并结合诚实信用原则对"跳单"行为进行处罚。《中华人民共和国民法典》颁布后,对于"跳单"行为有了更明确的规定,再处理此类案件就有法可依了。

《中华人民共和国民法典》第 965 条规定,"委托人在接受中介人的服务后,利用中介人提供的交易机会或者媒介服务,绕开中介人直接订立合同的,应当向中介人支付报酬。"也就是说,即便在中介合同中没有另行约定,委托人在接受中介人的服务并利用其提供的机会、资源或服务后绕开中介人达成交易的,也应当向中介人支付服务费。中介人如遇被"跳单",可依据上述规定,搜集证据后向委托人主张权利。

《中华人民共和国民法典》首次将"跳单"行为上升到了法律层面,不仅保障了中介人的权益,同时对于违背契约精神的行为进行了严格规制。随着我国法律体系的进一步完善,对于社会经济中公平及诚实守信精神的倡导不仅仅体现在原则上,更体现在合同缔结与执行中。具体到本案中,张某在享受了中介服务公司的看房服务之后直接与李某签订合同的行为是一种不诚信的行为。为了肯定中介服务公司的支出,应当支持其对张某的费用请求权。

【法条链接】

《中华人民共和国民法典》

第九百六十一条　中介合同是中介人向委托人报告订立合同的机会或者提供订立合同的媒介服务,委托人支付报酬的合同。

第九百六十五条　委托人在接受中介人的服务后,利用中介人提供的交易机会或者媒介服务,绕开中介人直接订立合同的,应当向中介人支付报酬。

【特别提醒】

租房、买房是农民朋友进城务工必然要面临的事情,中介服务机构除了能够提供一定的交易信息、资源及服务外,因其熟悉交易程序和规则,还具有一定的该领域的专业技能。买房、租房应选择正规、专业的中介服务机构,可以在安全、便捷、合法的模式下促成交易,切勿为节省中介费而因小失大。

★合伙合同

61. 合伙债务如何承担?

【情景模拟】

魏某于 2005 年 9 月 8 日登记注册成立个人独资企业联达厂,并领有营业执照。魏某、蒋某、卞某及祝某是同一个村的老乡,从小一起长大。四人商量并签订了合伙合同一份,约定:合伙人魏某原独资经营的联达厂因扩建、改建需追加投资,现由魏某、蒋某、卞某、祝某四人共同出资,合伙经营,变更为合伙经营企业;合伙后的企业名称仍为联达厂,仍使用原魏某领取的联达厂营业执照,原个人独资企业营业执照自合伙合同签订之日起归合伙企业所有,原投资人魏某不得再单独使用该营业执照;全部投资结束后,根据实际使用资金大家共同认可;合伙合同签订后,联达厂购买了冶炼炉等设备进行技术改造,并向双盈公司购买焦炭用于生产. 双盈公司与联达厂签订工矿产品购销合同一份,约定由双盈公司向联达厂提供焦炭 2000 吨,单价为1200 元/吨,货到需方场地后一周内结清货款。合同签订后,双盈公司先后向联达厂供货 1636 吨,总货款为 1821038 元。联达厂支付了部分货款,尚欠 1213785 元无法清偿。联达厂尚未清偿的部分债务应该如何来承担?

【权威观点】

魏某、蒋某、祝某和卞某四人签订的合伙协议是真实有效的,且四人已实际出资并共同经营的事实说明合伙合同在实际履行。是以对于合伙企业不能清偿的债务应当由四位合伙人承担无限连带责任。清偿合伙债务超过自己应当承担份额的合伙人,有权向其他合伙人追偿。

【法官解读】

(一)什么是合伙企业?

合伙企业是指由各合伙人订立合伙协议,共同出资,共同经营,共享收益,共担风险,并对企业债务承担无限连带责任的营利性组织。合伙企业分为普通合伙企业和有限合伙企业,其中普通合伙企业又包含特殊的普通合伙企业。合伙企业一般无法人资格,不缴纳企业所得税,缴纳个人所得税。国有独资公司、国有企业、上市公司以及公益性事业单位、社会团体不得成为普通合伙人。

合伙企业可以由部分合伙人经营,其他合伙人仅出资并共负盈亏,也可以由所有合伙人共同经营。

(二)合伙企业具有以下基本特征:

1、合伙企业由各合伙人组成;2、合伙企业以合伙协议作为其法律基础;3、合伙企业的内部关系属于合伙关系;4、普通合伙人对企业债务承担无限连带责任。

(三)合伙债务的承担方式:

1、普通合伙人合伙企业债务的承担。

普通合伙企业由普通合伙人组成,这就赋予了普通合伙企业具有人合性,因此合伙人对合伙企业债务承担无限连带责任。普通合伙人承担无限连带责任应以合伙企业财产承担责任为前提,即只有在合伙企业的财产不足以清偿合伙企业债务时,才由合伙人承担无限连带责任。

2、有限合伙人对合伙企业债务的承担。

有限合伙企业由普通合伙人和有限合伙人组成,普通合伙人对合伙企业债务承担无限连带责任,有限合伙人以其认缴的出资额为限对合伙企业债务承担责任。因为从"资合"性的特点出发,有限合伙人以其认缴的出资额为限对合伙企业承担责任,这有利于合伙企业进行融资,避免投资者因担心承担补充无限连带责任而对合伙企业望而却步。

3、特殊的普通合伙中合伙人承对合伙债务的承担。

特殊的普通合伙企业是以专业知识和专门技能为客户提供有偿服务的专业服务机构,其执业的专业性及高风险性导致特殊责任的产生。一个合伙人或者数个合伙人在执业活动中因故意或者重大过失造成合伙企业债务的,应当承担无限责任或者无限连带责任,其他合伙人以其在合伙企业中的财产份额为限承担责任。合伙人在执业活动中非因故意或者重大过失造成的合伙企业债务以及合伙企业的其他债务,由全体合伙人承担无限连带责任。其他合伙人承担清偿责任后,可以追偿。

在本案中,魏某、蒋某、祝某和卞某四人基于自己的自由意愿共同签订了合伙合同,并且实际履行了出资并经营了该份合同,是以四人之间的合伙合同已经成立并生效,四人共同成立了合伙企业,对该企业的债务,四人应当承担无限连带责任。

【法条链接】

《中华人民共和国民法典》

第九百七十三条　合伙人对合伙债务承担连带责任。清偿合伙债务超过自己应当承担份额的合伙人,有权向其他合伙人追偿。

【特别提醒】

由于合伙人对合伙债务承担无限连带责任,故而合伙入伙做生意时要格外小心谨慎,事先应仔细考察合伙人的资质与信誉。

62.合伙份额可以自由转让吗?

【情景模拟】

王某与张某、李某是同村出来打拼的老乡,在该城共同出资合伙经营一家酒吧,并订立《合伙协议》明确各方的权利义务,王某负责酒吧的日常管理。王某得知朋友曹某想投资经营酒吧,于是向曹某提出将其个人合伙份额中的20%折价50万元转让给曹某,双方达成《转让协议》。曹某接手该酒吧以后,为酒吧的装修、日常经营等做了不少工作,在经营期间曹某发现酒吧还有其他合伙人,且其他合伙人并不知晓王某将其合伙份额中的部分转让给曹某的事实。其他合伙人知晓此事以后明确表示不同意曹某的入股,要求曹某走人。曹某无奈找到王某要求返还全部转让款并赔偿损失,谁知王某拒不返还,此时,王某合伙份额的转让是否有效? 曹某支付的合伙份额的转让款能否追回？

【权威观点】

除合伙合同另有约定外，合伙人向合伙人以外的人转让其全部或者部分财产份额的，须经其他合伙人一致同意。未经其他合伙人同意私自对外转让自己合伙份额的，该转让行为无效，获得的转让款应当返还，王某的私自转让合伙份额的合同是无效的，王某应返还曹某全部股份转让款。

【法官解读】

《中华人民共和国民法典》第九百七十四条规定，除合伙合同另有约定外，合伙人向合伙人以外的人转让其全部或者部分财产份额的，须经其他合伙人一致同意。

《合伙企业法》则对合伙人财产份额的转让根据转让对象的不同，即是向合伙人转让抑或向合伙人之外的其他人转让作了不同的规定，因此，不同情形下构成要件也不相同。

1.合伙人向其他合伙人转让其财产份额。

这种转让包括合伙人将其财产份额全部转让和部分转让两种，由于在这种情况下，财产份额转让后不会导致合伙人的增加，也不会有新的人加入到合伙企业之中，不会破坏原有合伙人之间的信任关系，此时仅需要通知其他合伙人，而不是必须经过其他合伙人一致同意。所以，判断合伙人将其财产份额转让给其他合伙人的有效要件是转让人与受让人之间签订财产份额的转让协议，而不是其他合伙人的一致同意，但是一般认为，在通知其他合伙人之前，不得以转让协议为由对抗其他合伙人。

2.合伙人将其财产份额转让给其他合伙人以外的第三人。

无论是合伙人将其财产份额全部或者部分转让给其他合伙人以外的第三人,都需要经过其他合伙人的一致同意方可能生效。因为此时将导致合伙人的增加即第三人加入到合伙企业之中,合伙的信任关系受到影响,可能影响到合伙企业存在的重要基础。但是,合伙人对此种情况可以作出特别约定,如合伙协议另有约定的可以作为合伙人向第三人转让其财产份额的特殊生效情形。如合伙协议约定只需要经过其他合伙人过半数同意或者超过 2/3 以上同意即可以生效等,此时即应当以合伙人之间的特别约定来确定合伙财产份额转让的效力。

3.合伙人优先购买权的行使。

合伙人的优先购买权,是指合伙人向合伙人以外的第三人转让其合伙企业财产份额时,在同等条件下,其他合伙人有优先受让的权利;但是,合伙协议另有约定的除外。赋予合伙人的优先购买权,从法律效果来讲,是将其受让合伙人出让财产份额的顺序处于优先于合伙人以外的第三人的位置。在司法实践中,也可能会出现两个或者两个以上的其他合伙人主张行使优先购买权的情形,此时,一般认为可以按合伙人实缴的出资比例确定可以优先受让的比例。但是,当合伙协议中约定可以排除其他合伙人的优先购买权时也应当对其予以尊重。

具体到本案中,合伙人之一的王某在未经其他合伙人同意的情况下直接将其合伙份额转移给合伙合同外的他人,此种行为侵害了合伙企业的人合性,也侵害了其他合伙人的优先购买权,是以应当是无效的,所以王某应当向曹某返还股权出资款。

【法条链接】

《中华人民共和国民法典》

第九百七十四条　除合伙合同另有约定外,合伙人向合伙人以外的人转让其全部或者部分财产份额的,须经其他合伙人一致同意。

【特别提醒】

合伙企业重视的是人合性,转让合伙份额前,一般须经其他合伙人一致同意。合伙人应重视法定程序,正确行使自己的权利,以免发生转让无效等后果,造成不必要的经济损失。

第三篇

准合同

★ 无因管理

63.为他人利益管理事务可要求受益者付费吗?

【情景模拟】

张三家住山区。一日,张三应邀去一个朋友家做客。途中看到一匹马解脱缰绳在山坡上独自吃草。张三四下查看,没有发现马的主人。做客回来时,张三见那匹马还在那里,当时天色已晚,因不知失主是谁,张三便将马牵回家一边饲养一边查找失主。一个月后,经多方打听得知马是邻村李四家的,便给李四送了过去,并要求李四偿还一个月喂马的饲料费。张三的请求能够得到支持吗?

【权威观点】

对于饲养李四走失的马匹,张三并没有法定或者约定的义务,张三的行为在主观上是为了避免马匹主人的利益遭受损失,客观上为喂养马匹支出了必要的饲料费,构成无因管理。对于饲料费,马匹主人李四应当偿还。

【法官解读】

(一)什么是无因管理。

无因管理是指管理人没有法定或者约定的义务,为避免他人利益受损失而管理他人事务的行为。法律规定无因管理制度的目的在于鼓励大家互帮互助,有利于弘扬社会主义核心价值观。认定管理人的行为是否构成无因管理,需要综合以下三个方面进行判断:一是管理他人事务。这里的他人事务范围非常广泛,包括与大家的生产和生活利益相关,满足人的生产生活,能够因处理相关事项而产生相应的债权债务关系的各种事务。只要不是本人事务,即可构成他人事务。比如对于菜市场因有急事需要处理而匆忙离开的摊主,帮助其及时卖掉蔬菜的行为,对于因遭受意外伤害的人给予救助的行为,对于常年在外务工邻居失修的房屋,在暴风雨来临前帮助修缮房屋的行为,对于邻居失火柴垛予以扑救的行为等等,都可以构成管理他人事务。二是为避免他人利益遭受损失。这要求管理人在主观上具有为他人利益而为管理的意思,也就是说管理的目的是为了给他人谋得利益。如情景模拟中,张三喂养走失的马匹,就是为了避免马匹主人的利益遭受不测的损失。三是没有法定的或者约定的义务。管理人对于所管理的事务,既没有法律规定的义务,也没有合同约定的义务。情景模拟中,如果张三是受李四的委托喂养马匹,则二人之间成立委托合同关系,而不构成无因管理。

(二)无因管理中管理人的权利。

满足前述三个方面的要求,构成无因管理的,管理人主要享有以下两个方面的权利:一是必要费用偿还请求权,即请求受益人偿还因管理事务而支出的必要费用的权利。必要费用是指在管理事务时管理人合理的、直接支出的费用。情景模拟中,张三喂养走失马匹,必然产生饲料费,对于该费用,应当认定为喂养马匹而支出的必要费用,李四应当予以偿还。二是损失补偿请求权,即请求受益人适当补偿因管理事务所受到的损失。如果管理人因管理受益人事务而遭受损失,且该损失与管理行为之间具有直接关联的,管理人有权就该损失向受益人请求给予补偿。

(三)管理事务不符合受益人意愿的,管理人不享有必要费用偿还请求权和损失补偿请求权。

无因管理是对他人事务的管理,所以管理事务的行为必须符合受益人的意愿。对于不符合受益人真实意思的管理,管理人不享有向受益人主张必要费用偿还请求权和损失补偿请求权的权利。如邻居早已迁居城市,在农村房屋年久失修,该邻居也曾对同村人讲农村的房屋不会再居住了,当遇到暴风雨来临时,未经邻居同意,擅自帮助其修缮房屋的行为,就不得认定为符合邻居真实意思的行为。对于修缮房屋支出的费用,不得要求邻居偿还。

【法条链接】

《中华人民共和国民法典》

第九百七十九条　管理人没有法定的或者约定的义务,为避免他人利益受损失而管理他人事务的,可以请求受益人偿还因管理事务而支出的必要费用;管理人因管理事务受到损失的,可以请求受益人给予适当补偿。

管理事务不符合受益人真实意思的,管理人不享有前款规定的权利;但是,受益人的真实意思违反法律或者违背公序良俗的除外。

【特别提醒】

无因管理是一种值得鼓励的互帮互助行为,对于管理人支出的必要费用,受益人应当偿还。

★不当得利

64. 自动取款机多吐的钱,取款人有权占有吗?

【情景模拟】

2006 年 4 月 21 日晚,在某市务工的农民黄某来到某市某银行的 ATM 取款机取款。其输入金额 500 元后,惊讶地发现银行卡取款机吐出 1000 元人民币,于是,便以同样的方式又连续操作了 9 次,共计输入取款金额 5000 元,实际获得 10000 元。当晚,黄某回到住处,将此事告诉了同室工友郭某。郭某随即也前往提款,以与黄某同样的方式共计输入取款金额 5000 元,实际获得 10000 元。次日,某银行根据监控录像发现黄某、郭某取款的经过,及时报警,经过警方摸排,查实黄某、郭某分别取款 5000 元而实际获得 10000 元的事实。黄某、郭某称自己已经花掉了部分金钱,后经公安机关教育,二人分别退还了银行 5000 元。自动取款机多吐的钱,取款人有权占有吗?

【权威观点】

没有法律根据取得利益使他人受损自己获利的,构成不当得利。对于不当得利,应当返还给受损失的一方。储户与银行之间为存款合同关系。储户取款时明知道自动取款机吐出的金钱数额大于自己输入的取款金额,却仍将自动取款机多吐出的金钱据为己有,构成不当得利。取款人应将自动取款机多吐出的金钱退还给银行。

【法官解读】

（一）什么是不当得利。

《中华人民共和国民法典》第九百八十五条规定："得利人没有法律根据取得不当利益的，受损失的人可以请求得利人返还取得的利益，但是有下列情形之一的除外：（一）为履行道德义务进行的给付；（二）债务到期之前的清偿；（三）明知无给付义务而进行的债务清偿。"不当得利构成要件如下：1. 一方取得利益，2. 另一方受到损失，3. 获益与受损之间存在因果关系，4. 一方获益无法律依据。在银行与储户的存款合同中，储户在银行取款的金额不得超出其在银行的存款及利息的总金额。当前，银行已经普遍使用自动提款机向客户提供取款服务，自动提款机难免会出现技术故障，因技术故障导致银行多提供了款项，并不意味着取款人有权占有。因为储户在自动取款机上输入取款金额时，银行只负有在储户存款本息总额的范围内按照取款人输入的取款金额提供款项的义务，而不负有多支付款项的义务，储户取得自动提款机多支出的款项造成储户获益而银行受损，且二者之间存在因果关系，储户因银行的错误而占有多支付的款项没有法律根据，属于不当得利。

（二）不当得利人的返还义务。

根据《中华人民共和国民法典》第九百八十六条、第九百八十七条规定，不当得利分为善意不当得利与恶意不当得利。何为善意不当得利？得利人不知道且不应当知道其取得的利益没有法律根据。何为恶意不当得利？得利人知道或应当知道其取得的利益没有法律根据。在取得的利益存在时，无论是善意得利人还是恶意得利人均负有返还义务。在取得的利益部分或全部不存在时，返还义务不同。善意得利人现存多少利益就返还多少利益，在取得的利益不存在时不负有返还义务。而恶意得利人,如果取得的利益不存在应当依法赔偿损失。本案中,黄某、郭某明知自己每次输入取款金额500元而取款机吐出1000元,对于多吐出的500元,明知没有法律依据而占有,且连续十次操作,每人多占有取款金额5000元,构成恶意不当得利。黄某、郭某对于多获得的款项应返还给银行,即使已经花掉了,也应赔偿银行的损失。因此,黄某、郭某应分别向银行退还5000元。

【法条链接】

《中华人民共和国民法典》

第九百八十五条　得利人没有法律根据取得不当利益的,受损失的人可以请求得利人返还取得的利益,但是有下列情形之一的除外:

(一)为履行道德义务进行的给付;

(二)债务到期之前的清偿;

(三)明知无给付义务而进行的债务清偿。

第九百八十六条　得利人不知道且不应当知道取得的利益没有法律根据,取得的利益已经不存在的,不承担返还该利益的义务。

第九百八十七条　得利人知道或者应当知道取得的利益没有法律根据的,受损失的人可以请求得利人返还其取得的利益并依法赔偿损失。

【特别提醒】

自动取款机多吐出的钱,取款人占为己有构成不当得利,应付返还义务。

后　记

历时四月有余,《农民活学活用民法典》丛书终于付梓。

本丛书共4册,每册约15万字,囊括了民法典七大编,其中总则编未独立成册,而是分散于相关各编。每册设计若干案例情景,由情景模拟、权威观点、法官解读、法条链接和特别提醒五大模块组成。其中情景模拟紧贴实际、细节生动;权威观点明确直接、简洁明了;法官解读释法明理、丝丝入扣;法条链接重点标注、一目了然;特别提醒言简意赅、行为指引。情景案例尽量采用通俗易懂的语言,让农民读者看得懂、用得上。

本丛书各编具体写作分工如下(按内容撰写顺序):

一、《农民活学活用民法典·物权编》。第一篇,第三篇的居住权、地役权和第五篇:胡爱菊;第二篇:罗晶;第三篇的土地承包经营权、建设用地使用权、宅基地使用权:龚雪林;第四篇:颜凌云。

二、《农民活学活用民法典·合同编》。第一篇的一般规定、合同的订立、合同的效力,第二篇的借款合同、建设工程合同、物业服务合同,第三篇的不当得利:吴玉萍;第一篇的合同的履行、合同的权利义务终止,第二篇的租赁合同:汪娣娣;第一篇的违约责任,第二篇的买卖合同、供用水、电、气、热力合同、保证合同,第三篇的无因管理:李振峰;第一篇的合同的保全、合同的变更和转让,第二篇的承揽合同、运输合同、保管合同、委托合同、中介合同、合伙合同:骆丽玲;第二篇的赠与合同、借款合同、租赁合同:沈娜。

三、《农民活学活用民法典·婚姻家庭继承编》。第一篇:付涵;第二篇:毛盈超;第三篇:吴军;第四篇:罗曼。

四、《农民活学活用民法典·人格权和侵权责任编》。第一篇,第二篇的姓名权、肖像权:闵遂赓;第二篇的名誉权、荣誉权、隐私权,第三篇和第四篇:陈慧;第五篇,第六篇的机动车交通事故责任:马悦;第六篇的产品责任、医疗损害责任、环境污染责任、高度危险责任、饲养动物损害责任、建筑物和物件损害责任:张满洋。

编写本丛书的初衷,是希望可以为广大农民朋友打造一套通俗易懂的民法典读本,但因时间仓促,在文字的通俗化方面仍有待加强,仍将继续努力。